新时代新理念职业教育教材 · 铁道运输类
高速铁路客运服务专业教材

高速铁路客运安全与应急

主　编　隋东旭
副主编　张立瑜

北京交通大学出版社
· 北京 ·

内容简介

本书依据教育部最新专业教学标准由铁路企业专家与一线教师合作编写。本书分为 7 个项目，具体包括：高速铁路客运安全基础知识、高速铁路旅客运输作业及人身安全、高速铁路防火安全及电器安全、高速铁路防恐防暴处理、高速铁路违禁品的查堵及处理、高速铁路旅客伤病的应急处置、高速铁路非正常情况应急处置。

本书适合作为高等职业教育、中等职业教育高速铁路客运服务类、铁道交通运营管理类专业的教材，也可作为铁路企业职工培训教材。

图书在版编目（CIP）数据

高速铁路客运安全与应急 / 隋东旭主编. —北京：北京交通大学出版社，2022.1
ISBN 978-7-5121-4680-8

Ⅰ. ①高…　Ⅱ. ①隋…　Ⅲ. ①高速铁路-铁路运输-客运服务-安全管理-高等职业教育-教材　Ⅳ. ①U293.3

中国版本图书馆 CIP 数据核字（2022）第 006836 号

高速铁路客运安全与应急
GAOSU TIELU KEYUN ANQUAN YU YINGJI

策划编辑：刘　辉　　　责任编辑：刘　辉
出版发行：北京交通大学出版社　　电话：010-51686414　　http://www.bjtup.com.cn
地　　址：北京市海淀区高梁桥斜街 44 号　　邮编：100044
印 刷 者：北京时代华都印刷有限公司
经　　销：全国新华书店
开　　本：185 mm×260 mm　　印张：10.5　　字数：263 千字
版 印 次：2022 年 1 月第 1 版　　2022 年 1 月第 1 次印刷
定　　价：39.80 元

本书如有质量问题，请向北京交通大学出版社质监组反映。对您的意见和批评，我们表示欢迎和感谢。
投诉电话：010-51686043，51686008；传真：010-62225406；E-mail：press@bjtu.edu.cn。

前　言

为满足高等职业教育、中等职业教育高速铁路客运服务、铁道交通运营管理专业高速铁路安全与应急课程的教学需要，我们组织铁路企业专家和学校一线教师联合编写了本书。本书以教育部最新专业教学标准为指导，以项目为主线，以工作任务为驱动，系统介绍了高速铁路客运安全与应急处置知识与技能。本书分为 7 个项目，具体包括：高速铁路客运安全基础知识、高速铁路旅客运输作业及人身安全、高速铁路防火安全及电器安全、高速铁路防恐防暴处理、高速铁路违禁品的查堵及处理、高速铁路旅客伤病的应急处置、高速铁路非正常情况应急处置。

本书由隋东旭担任主编，张立瑜担任副主编，具体编写分工如下：隋东旭编写项目 1、2、3、4，张立瑜编写项目 5、6、7。全书由隋东旭统稿。

由于编者水平有限，本书不足之处在所难免，恳请广大读者批评、指正。反馈意见，索取教学资源，请与出版社编辑刘辉联系（邮箱：cbslh@ jg. bjtu. edu. cn；QQ：39116920）。

编者

2022 年 1 月

目　录

项目 1

高速铁路客运安全基础知识

【知识目标】

- 掌握铁路客运安全风险管理的基本原则；
- 了解行车事故救援。

【技能目标】

- 能够掌握高速铁路客运安全管理基础知识；
- 能够掌握高速铁路运输事故及应急救援的相关规定。

【学习重点及难点】

- 学习重点：高速列车的安全控制与防护、铁路客运安全风险管理的基本原则、行车事故救援；
- 学习难点：中国铁路行车安全体系、高速铁路客运安全管理、高速铁路运输事故及应急救援。

【本章知识结构图】

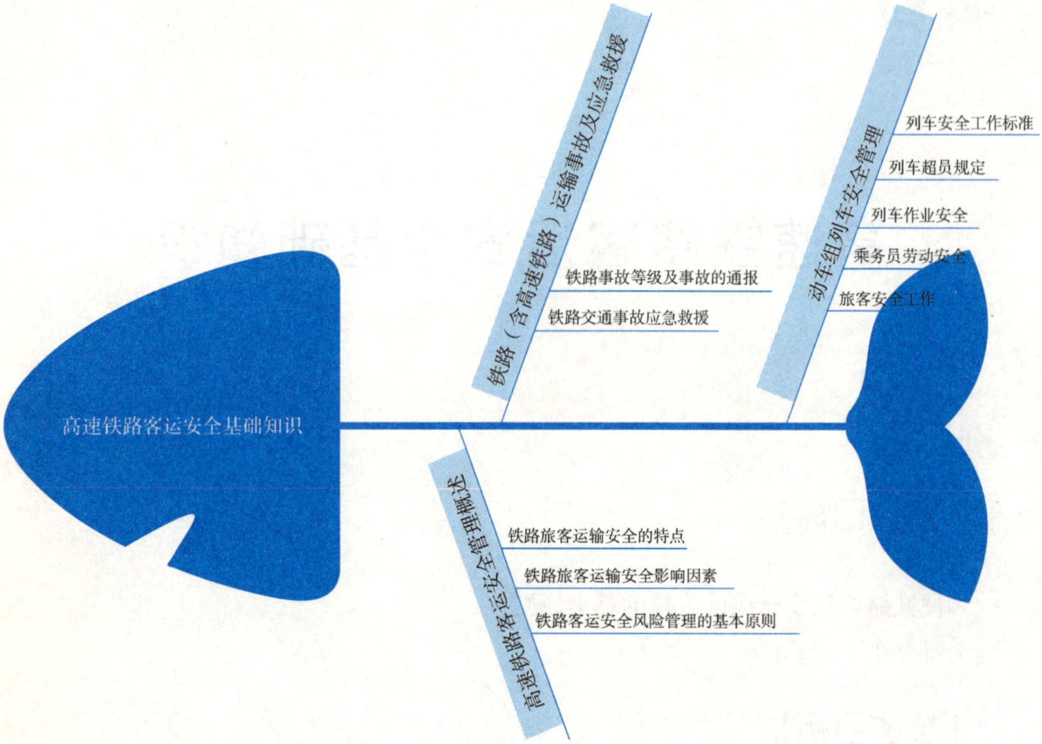

1.1 高速铁路客运安全管理概述

1.1.1 铁路旅客运输安全的特点

1. 安全的普遍性

伴随生产而存在的安全问题，对于所有的行业系统都具有普遍的意义，铁路运输系统也不例外。

1）安全的系统性

安全涉及企业运转的各个方面，包括人员、设备、环境等因素，而这些因素又涉及政治、经济、科技、教育和管理等许多方面。特别对于铁路运输这样的开放系统，安全既受系统内部因素的制约，也受到系统外部环境的干扰。而安全的恶化状态，即事故，不仅可能造成系统内部的损失，而且可能造成系统外部的损失。因此，研究和解决安全问题应从系统观点出发，运用系统工程的方法，进行综合治理。

2）安全的相对性

一般来说，凡是人类从事的生产活动，均存在安全问题，不同的只是发生安全问题的可能性有大有小，危害程度有轻有重而已。安全是相对的，不安全是绝对的，系统发生事故的可能性始终存在，但是，事故是可以预防的，可利用安全系统工程的理论和技术，预先发现、鉴别、判明各种隐患，并采取安全对策，从而防患于未然。

3）安全的依附性

安全是依附于生产而存在的，它不可能脱离具体的生产过程而独立存在，只要存在生产活动，就要重视安全问题。另外，安全是生产的前提和保障，安全工作搞得不好，生产便无法顺利进行，因此，需要持久地抓好安全工作。

4）安全的间接效益性

要保证生产安全必须在人员、设备、环境和管理方面有相应的投入，但安全投入所产生的经济和社会效益却是间接的、无形的，难以量化计算，因此，安全投入往往被忽视。我们不能在发生了事故，造成了损失之后，才意识到安全投入的必要性和重要性。事实上，安全的效益除了减少事故的直接和间接经济损失外，更重要的是在提高人员素质、改进设备性能、改善环境质量和加强生产管理等方面所创造的经济和社会效益。

5）安全的长期性

人对安全的认识在时间上往往是滞后的，不可能预先认识到系统存在和面临的各种危险，即使认识到了，有时也会由于受到当时技术条件的限制而无法予以控制。随着技术进步和社会发展，旧的安全问题解决了，新的安全问题又会产生，所以，安全工作是一个长期的过程，必须坚持不懈地开展。

6）安全的艰巨性

高技术总是伴随着高风险，随着现代科学技术的发展，各种技术系统的复杂化程度增加了。以现代交通运输系统为例，其规模、速度、设备和管理等方面都发生了极大的飞跃，一旦发生事故，其影响之大、伤亡之多、损失之重、补救之难，都是传统运输方式不可比拟的。此外，事故是一种小概率的随机偶发事件，仅利用已有的事故资料不足以及时、深入地对系统的危险性进行分析，而现代社会的文明进步又不允许通过事故重演来深化对安全的认识。因此，认识事故机理，不断揭示各种隐患，确实是艰巨的任务。

2. 铁路运输安全的特殊性

由普遍性与特殊性的关系可知，普遍性寓于特殊性之中，特殊性离不开普遍性，铁路运输安全除具有上述安全的普遍性外，还有其特殊性。

1）铁路运输安全的动态性

机车、车辆在固定轨道上的定向运动，是铁路运输最显著的特点，铁路运输安全系列问题（如轮轨作用、弓网作用、列车速度控制和进路控制等）都是围绕机车、车辆或列车在轨道上的定向运动而展开的。

2）铁路运输安全失控的严重性

处于高速运动状态的列车，一旦发生设备异常或人为操作失误，可供纠正和避免事故的时间很短，可供选择的应急方式也很有限。同时，铁路线路、机车、车辆等硬件设备的成本很高，列车承载的旅客和货物数量很大，事故不仅会造成巨大的财产损失、人员伤亡和环境破坏，而且运输中断将波及路网，打乱运输秩序，影响社会生产和运输工作的全局。更重要的是铁路对其运输对象——旅客和货物，没有所有权和支配权，而只提供必要的运输服务，因此事故损失涉及广泛的社会因素，会极大地损害铁路的形象甚至政府的威信，其社会影响的严重性难以估量。

3）铁路运输安全问题的重复性

铁路运输生产具有连续性、周期性和季节性的特点，伴随着生产的各种事故和不安全状况常常是重复发生的，我国铁路年复一年的春运、暑运、防洪、防寒等安全问题反复存在，由于受铁路总体技术和管理水平的制约，各种事故和不安全状况的产生也具有一定的“惯性”和反复性，如“两冒错排”（冒进进站和出站信号，错排列车进路）、断轨、断轴等惯性事故，成为经常困扰铁路运输安全的主要问题。

4）铁路运输安全对管理的依赖性

铁路犹如一台大联动机，是复杂的人机动态系统，其运输生产过程是由车、机、工、电、辆等多工种联合的多环节（如货物运输的承运、保管、装卸、运送、途中作业、交费等）作业过程，涉及设备数量庞大、种类繁多，设备布局的网络状态和作业岗位独立分散的特点，使各工种和各环节的协同配合都离不开严格的管理。因此，铁路运输安全在很大程度上取决于管理的效能。

5）铁路运输安全的复杂性

铁路运输安全受外部环境的影响很大，难以预测和控制。铁路运输生产是在一个开放的环境中进行的，其过程有较大的空间位移和较长的时间延续，自然环境（如雨、雾、风、雪及各种自然灾害等）对运输安全均有不利影响。社会治安、社会风气及社会政治经济状况等，与运输安全状况密切相关，而且难以预测和控制。因此，铁路运输环境安全的综合治理涉及面广、难度大。

铁路安全技术的发展，包括设备安全性能改进、人员安全素质提高、环境安全质量改善和安全管理水平提高，都是以对安全的普遍性和铁路运输安全的特殊性的认识为基础的。

1.1.2 铁路旅客运输安全影响因素

铁路运输系统是一个在时间、空间上分布很广的开放的动态系统，铁路运输安全影响因素错综复杂，涉及面很广。从系统论的观点出发，与运输安全有关的因素可以划分为：人、机器、环境及管理4类。这种分类具有以下优点：它是从构成生产系统的基本元素出发，从事故的根本原因着手，具有普遍的意义；充分体现安全是一项全员、全要素、全过程的活动。因为系统中的“人”，是指作为工作主体的人，“机”是指人所控制的一切对象的总称（包括固定设备和移动设备），“环境”是指人、机共处的特定的工作条件（包括内部环境和外部环境）；考虑了人、机、环境对安全的影响，尤其是考虑了三者之间的相互作用，包括人—人、人—机、机—机、机—环境、人—环境，以及人—机—环境等；以管理作为控制、协调手段，协调人、机、环境之间的相互关系，并通过反馈作用将系统状态的信息反馈给管理系统，从而改进安全管理方法，最终得到更为安全的关系。

1. 单因素影响分析

1）人员影响因素分析

（1）人在保障运输安全方面的重要性。

在复杂的事物发展过程中，有许多的矛盾存在，其中必有主要矛盾，它对事物起了主导性的、决定性的作用，其他矛盾则处于次要和服从的地位。矛盾着的两个方面中，必有一个方面是主要的，另一个方面是次要的。在安全问题中，人是矛盾的主要方面，因为即使是高度自动化的系统也不可能完全避免人的介入，不可能完全不受人的操纵和控制。绝大多数事故的发生均与人的不安全行为有关，在 80%的事故中，人的因素起着决定性的作用。在铁路运输安全方面，各项活动都依赖人的行为，人操纵、控制、监督各项设备，完成各项作业，与环境进行信息交流，与其他作业协调一致，使得人的因素在运输安全中起着关键的作用。

人对运输安全的特殊作用可归纳为以下 3 点。

① 人的主导性。在人和设备的有机结合体中，人是主导方面。设备必须由人来设计、制造、使用和维护，即使是技术状态良好的设备，也只有通过人的正确使用，才能发挥它的作用。

② 人的主观能动性。当情况突然变化时，人能立即采取相应的措施和灵活的方法，排除故障等不安全因素，使系统恢复正常运转。只有人才具有主观能动性，从而具有合理处理意外情况的能力。

③ 人的创造性。人能够通过研究和学习，不断地提高和改进现有系统的安全水平。

（2）影响铁路运输安全的人员分类。

① 运输系统内人员。其主要指车务、机务、工务、电务、车辆、安监、客运、货运、工程、给水、供电等部门的各级领导人员、专职管理人员和基层作业人员，他们是保证运输安全的最关键人员。他们的思想品质、技术业务水平，以及心理、生理素质等不适应铁路运输工作的要求，往往是酿成事故的重要原因。

② 运输系统外人员。其主要指旅客、货主，以及铁路沿线居民、机动车驾驶人员等。

（3）运输安全对人员的素质要求。

影响铁路运输安全的人的因素，是指上述人员的安全素质，包括思想素质，技术业务水平，生理、心理素质，以及群体素质，对不同人员有不同的素质要求。运输安全对不同人员的素质要求如图 1-1 所示。

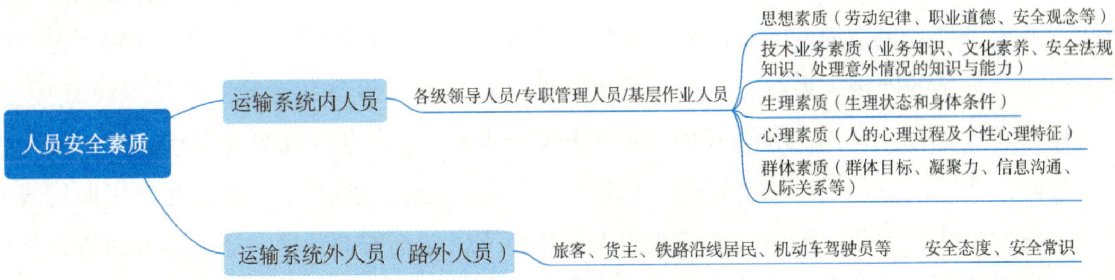

图 1-1　运输安全对不同人员的素质要求

2）设备因素影响分析

铁路运输设备是除人之外，影响运输安全的另一个重要因素，质量良好的设备既是运输生产的物质基础，又是运输安全的重要保证。

（1）与运输安全有关的设备类型。

① 运输基础设备。

固定设备：线路、车站、信号设备等。

移动设备：机车、车辆、通信设备、信号设备等。

② 运输安全技术设备。运输安全技术设备包括安全监控设备、安全监测设备、自然灾害预报与防治设备、事故救援设备和其他安全设备等。

（2）铁路运输设备的特点。

铁路运输设备的特点：种类多，数量大，整体性强；延伸面广，配置分散，连续运转；冲击剧烈，受自然力影响大，设备有形损耗严重；运用中设备监控难度大，故障处理时间紧。

（3）提升铁路运输设备安全性的途径。

① 强化运输基础设备，加大其安全系数，使之适应列车重量、发车密度、运行速度提高的要求。

② 研制和采用先进的运输安全技术设备。

（4）影响运输安全的设备因素。

① 设计安全性。其包括设备的可靠性、可维修性、可操作性（人机工程设计），以及先进性等。

② 使用安全性。其包括设备的运行时间、维护保养情况等。设备运行时间越短，即设备越新，其使用安全性越好；设备维修保养得越好，其使用安全性也越好。反之，则相反。

3）环境因素影响分析

影响运输安全的环境因素包括内部小环境和外部大环境两部分。

（1）内部小环境。

对于一般微观的人—机—环境系统而言，内部环境通常是指作业环境，即作业场所人为形成的环境条件，包括周围的空间和一切生产设施所构成的人工环境。然而，铁路运输系统是一个非常复杂的宏观大系统，它是由系统硬件（运输基础设备和运输安全技术设备）、系统工作人员（运输系统内的各级管理人员和基层作业人员）、组织机构（管理机构、运行机构、维修机构等），以及社会经济因素（政治、经济、文化、法律等）等相互作用而构成的社会—技术系统。因此，影响运输安全的内部环境不仅包括作业环境，还包括通过管理所营造的运输系统内部的社会环境，即运输系统外部社会环境因素在运输系统内的反映，它涉及面广，包括运输系统内部的政治、经济、文化、法律等环境。

（2）外部大环境。

影响运输安全的外部环境包括自然环境和社会环境。自然环境是指自然界提供的人类一时难以改变的生产环境。自然环境对运输安全影响很大。铁路线路暴露在大自然中，经常遭受洪水、暴雨、风沙、泥石流，以及地震等自然灾害的威胁。在各种自然灾害中，最常见的是暴雨、洪水，其严重影响运输安全，危害极大。

社会环境包括社会的政治环境、经济环境、技术环境、管理环境、法律环境，以及社会风气、家庭环境等，它们对铁路运输安全均有不同程度的影响，较为直接的是铁路沿线治安和站车秩序状况。影响运输安全的环境因素如图 1-2 所示。

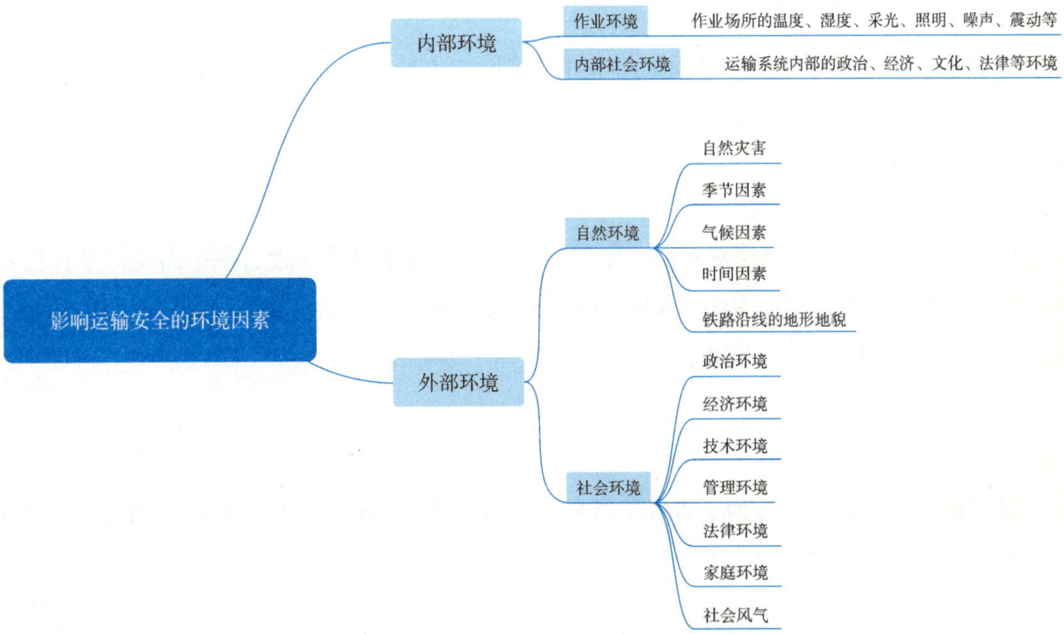

图 1-2　影响运输安全的环境因素

2. 各种因素相互影响分析

1）“人—人”之间

铁路运输作业是通过多部门、多层次人员的分工与协作来实现的。人与人之间相互作用、相互影响、相互依赖、相互制约，协调配合，才能有效保证运输生产的顺利进行。

2）“人—机”之间

“人”是行为的主体，由人操纵“机”运转，人的劳动能力、劳动熟练程度、劳动态度直接影响“机”的运转状况。同时自动化“机”可以部分地监督人的行为，减少人为偏差。所以“人一机”之间是相互作用和相互影响的关系。

3）“人—环境”之间

人的活动是在一定的环境中进行的，受环境的影响和制约，一方面人从环境中获取物质、能量和信息，可以创造环境、改进环境，对环境施加能动性的影响；另一方面环境反作用于人，使人适应环境，根据环境的变化调整自己的行为。

4）“机—机”之间

“机—机”之间表现为一种联动的关系，为使联动有效地传递下去，要求每一环节必须运转正常且协调，任何一个环节出现不协调的现象，都会成为事故隐患的一种可能，为此，需要加强“机—机”之间衔接的可靠性。

5）“机—环境”之间

一方面，良好的环境有利于保证“机”的状态良好和运行正常，另一方面通过一定的“机”改造环境，使环境向有利于系统的方向发展。

6）“环境—环境”之间

不可控制的大环境之间、可控制的小环境之间、大环境与小环境之间相互影响和制约，彼此之间是相互改造和被改造的关系。应充分发挥可控制的小环境的能动作用，影响不可控制的大环境的变化。

7）“人—机—环境”之间

“人—机—环境”构成铁路运输安全保障系统的最基本组成要素，根据系统的整体性特征，单纯一个要素的良好状态，并不能保证系统的优化，为充分发挥系统的整体功能，必须有效地组合与协调三者之间的关系。

3. 管理因素影响分析

1）铁路运输安全管理

铁路运输安全管理是指为了有效地减免运输事故及由运输事故所引起的人和物的损失而进行危险控制的一切活动。

铁路运输安全管理的目的是消灭和减少运输事故及其损失。铁路运输安全管理的主体是运输系统的各级管理人员。铁路运输安全管理的对象是人、财、物、信息等。

铁路运输安全管理方法是计划、组织、指挥、协调和控制。铁路运输安全管理本质是充分发挥人的积极性和创造性，调动一切积极因素，促使各种矛盾向有利于运输安全的方向转化。

2）管理对运输安全的重要性

管理具有计划、组织、指挥、协调、控制的职能，管理使人、机器和环境组成一个能够有效实现预期目标的系统。虽然人、机、环境往往是造成事故的直接原因，但它们都是受管理要素支配的，所以安全工作的关键是管理。

（1）管理有助于提高运输系统内人员、设备和环境的安全性。

（2）管理具有协调运输系统内人、机、环境之间关系的功能。

（3）管理具有优化运输系统人—机—环境整体安全功能的能力，即管理具有运筹、组合、总体优化的作用。

如图 1-3 所示，影响运输安全的管理因素很多，主要有安全组织、安全法制、安全信息、安全技术、安全教育和安全资金等。

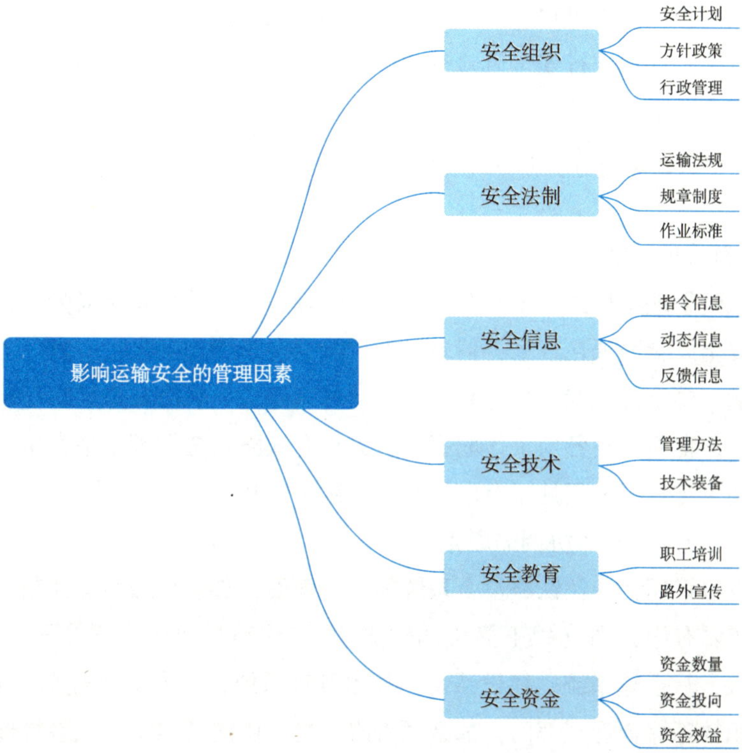

图 1-3　影响运输安全的管理因素

1.1.3　铁路客运安全风险管理的基本原则

1. 总体思路

坚持“安全第一、预防为主、综合治理”的方针，全面加强管理基础、过程控制和应急处置，构建全面、全员、全过程的安全风险控制体系，从源头上消除安全隐患，确保运输安全持续稳定，推动铁路安全管理步入规范、高效、有序、可控的良性运行轨道，全面提升铁路安全工作水平。

2. 主要内容

铁路安全风险管理，主要包含安全管理基础工作、安全生产过程控制和应急处置、安全管理责任落实、安全文化建设等方面。推行安全风险管理的关键，就是在现有管理方式的基础上，更加深入地分析安全管理深层次的问题，从加强管理入手，全面加强对安全风险的控制，着手解决安全惯性问题，从源头上消除安全隐患，逐步形成符合铁路实际、具有铁路特色的安全风险控制体系。

3. 基本原则

1）坚持结合实际、创新发展的原则

推行安全风险管理，是对现有安全管理制度的传承和加强，是铁路安全工作在新时期的完善、创新和发展。铁路推行安全风险管理必须从实际出发，不生搬硬套一般的风险管理理论，不人为地划分安全风险等级，通过准确把握铁路安全风险所具有的全系统性、全过程性和易发多变性特点，加强安全风险的动态研判，从安全管理的功能建设上加以控制，从源头上加以解决。

2）坚持规范管理、强化基础的原则

实施安全风险管理的目的，就是要通过加强管理，有效掌控安全风险。各级干部、职工必须认识到，安全风险表现在现场，但真正的风险源在于管理不规范、责任不落实、考核不到位等管理问题。要正确把握工作思路，坚持从管理源头上解决安全风险控制问题，大力强化安全管理基础，全面落实各项工作职责，努力提升铁路安全管理水平，实现对安全生产全过程的掌控，使生产运行过程处于有序平稳、持续可控状态。

3）坚持系统控制、整体协调的原则

铁路安全风险管理，涉及铁路整个系统的方方面面，必须加强系统控制与整体协调。从中国国家铁路集团有限公司（以下简称国铁集团）、铁路局集团有限公司（以下简称铁路局）到基层站段，从运输系统、建设系统到技术管理系统，从专业管理部门到计划、财务、人事、劳卫、职教等综合管理部门，都必须着眼大局，协同落实安全风险管理要求，承担安全风险管理责任，强化对运输生产各个环节的管理，以及与此相关的“结合部”的安全风险控制和防范，确保铁路运输生产长治久安。

1.2 铁路（含高速铁路）运输事故及应急援救

1.2.1 铁路事故等级及事故的通报

铁路机车车辆在运行过程中发生冲突、脱轨、火灾、爆炸等影响铁路正常行车的事故，包括影响铁路正常行车的相关作业过程中发生的事故；或者铁路机车车辆在运行过程中与行人、机动车、非机动车、牲畜及其他障碍物相撞的事故，均为铁路交通事故，事故分为特别重大事故、重大事故、较大事故和一般事故四个等级。

1. 铁路事故等级的划分规定

1）特别重大事故

有下列情形之一的，为特别重大事故：

（1）造成30人以上死亡。

（2）造成 100 人以上重伤（包括急性工业中毒，下同）。

（3）造成 1 亿元以上直接经济损失。

（4）繁忙干线客运列车脱轨 18 辆以上并中断铁路行车 48 小时以上。

（5）繁忙干线货运列车脱轨 60 辆以上并中断铁路行车 48 小时以上。

2）重大事故

有下列情形之一的，为重大事故：

（1）造成 10 人以上 30 人以下死亡。

（2）造成 50 人以上 100 人以下重伤。

（3）造成 5 000 万元以上 1 亿元以下直接经济损失。

（4）客运列车脱轨 18 辆以上。

（5）货运列车脱轨 60 辆以上。

（6）客运列车脱轨 2 辆以上 18 辆以下，并中断繁忙干线铁路行车 24 小时以上或者中断其他线路铁路行车 48 小时以上。

（7）货运列车脱轨 6 辆以上 60 辆以下，并中断繁忙干线铁路行车 24 小时以上或者中断其他线路铁路行车 48 小时以上。

3）较大事故

有下列情形之一的，为较大事故：

（1）造成 3 人以上 10 人以下死亡。

（2）造成 10 人以上 50 人以下重伤。

（3）造成 1 000 万元以上 5 000 万元以下直接经济损失。

（4）客运列车脱轨 2 辆以上 18 辆以下。

（5）货运列车脱轨 6 辆以上 60 辆以下。

（6）中断繁忙干线铁路行车 6 小时以上。

（7）中断其他线路铁路行车 10 小时以上。

4）一般事故

一般事故分为：一般 A 类事故、一般 B 类事故、一般 C 类事故、一般 D 类事故。

（1）有下列情形之一，未构成较大以上事故的，为一般 A 类事故：

A1. 造成 2 人死亡。

A2. 造成 5 人以上 10 人以下重伤。

A3. 造成 500 万元以上 1 000 万元以下直接经济损失。

A4. 列车及调车作业中发生冲突、脱轨、火灾、爆炸、相撞，造成下列后果之一的：

A4. 1 繁忙干线双线之一线或单线行车中断 3 小时以上 6 小时以下，双线行车中断 2 小时以上 6 小时以下。

A4. 2 其他线路双线之一线或单线行车中断 6 小时以上 10 小时以下，双线行车中断 3 小时以上 10 小时以下。

A4. 3 客运列车耽误本列 4 小时以上。

A4. 4 客运列车脱轨 1 辆。

A4. 5 客运列车中途摘车 2 辆以上。

A4. 6 客车报废 1 辆或大破 2 辆以上。

A4. 7 机车大破 1 台以上。

A4. 8 动车组中破 1 辆以上。

A4. 9 货运列车脱轨 4 辆以上 6 辆以下。

（2）有下列情形之一，未构成一般 A 类以上事故的，为一般 B 类事故：

B1. 造成 1 人死亡。

B2. 造成 5 人以下重伤。

B3. 造成 100 万元以上 500 万元以下直接经济损失。

B4. 列车及调车作业中发生冲突、脱轨、火灾、爆炸、相撞，造成下列后果之一的：

B4. 1 繁忙干线行车中断 1 小时以上。

B4. 2 其他线路行车中断 2 小时以上。

B4. 3 客运列车耽误本列 1 小时以上。

B4. 4 客运列车中途摘车 1 辆。

B4. 5 客车大破 1 辆。

B4. 6 机车中破 1 台。

B4. 7 货运列车脱轨 2 辆以上 4 辆以下。

（3）有下列情形之一，未构成一般 B 类以上事故的，为一般 C 类事故：

C1. 列车冲突。

C2. 货运列车脱轨。

C3. 列车火灾。

C4. 列车爆炸。

C5. 列车相撞。

C6. 向占用区间发出列车。

C7. 向占用线接入列车。

C8. 未准备好进路接、发列车。

C9. 未办或错办闭塞发出列车。

C10. 列车冒进信号或越过警冲标。

C11. 机车车辆溜入区间或站内。

C12. 列车中机车车辆断轴，车轮崩裂，制动梁、下拉杆、交叉杆等部件脱落。

C13. 列车运行中碰撞轻型车辆、小车、施工机械、机具、防护栅栏等设备设施或路料、坍体、落石。

C14. 接触网接触线断线、倒杆或塌网。

C15. 关闭折角塞门发出列车或运行中关闭折角塞门。

C16. 列车运行中刮坏行车设备设施。

C17. 列车运行中设备设施、装载货物（包括行包、邮件）、装载加固材料（或装置）超限（含按超限货物办理超过电报批准尺寸的）或坠落。

C18. 装载超限货物的车辆按装载普通货物的车辆编入列车。

C19. 电力机车、动车组带电进入停电区。

C20. 错误向停电区段的接触网供电。

C21. 电气化区段攀爬车顶耽误列车。

C22. 客运列车分离。

C23. 发生冲突、脱轨的机车车辆未按规定检查鉴定编入列车。

C24. 无调度命令施工，超范围施工，超范围维修作业。

C25. 漏发、错发、漏传、错传调度命令导致列车超速运行。

（4）有下列情形之一，未构成一般 C 类以上事故的，为一般 D 类事故：

D1. 调车冲突。

D2. 调车脱轨。

D3. 挤道岔。

D4. 调车相撞。

D5. 错办或未及时办理信号致使列车停车。

D6. 错办行车凭证发车或耽误列车。

D7. 调车作业碰轧脱轨器、防护信号，或未撤防护信号动车。

D8. 货运列车分离。

D9. 施工、检修、清扫设备耽误列车。

D10. 作业人员违反劳动纪律、作业纪律耽误列车。

D11. 滥用紧急制动阀耽误列车。

D12. 擅自发车、开车、停车、错办通过或在区间乘降所错误通过。

D13. 列车拉铁鞋开车。

D14. 漏发、错发、漏传、错传调度命令耽误列车。

D15. 错误操纵、使用行车设备耽误列车。

D16. 使用轻型车辆、小车及施工机械耽误列车。

D17. 应安装列尾装置而未安装发出列车。

D18. 行包、邮件装卸作业耽误列车。

D19. 电力机车、动车组错误进入无接触网线路。

D20. 列车上工作人员往外抛掷物体造成人员伤害或设备损坏。

D21. 行车设备故障耽误本列客运列车 1 小时以上，或耽误本列货运列车 2 小时以上；固定设备故障延时影响正常行车 2 小时以上（仅指正线）。

铁路部门可对影响行车安全的其他情形，列入一般事故。

因事故死亡、重伤人数 7 日内发生变化，导致事故等级变化的，相应改变事故等级。

2. 行车事故的通报

1）行车事故的报告

事故发生后，事故现场的铁路运输企业工作人员或者其他人员应当立即向邻近铁路车站、列车调度员、公安机关或者相关单位负责人报告。有关单位和人员接到报告后，应立即将事故情况向企业负责人和事故发生地安全监管办安全监察值班人员报告，安全监管办安全监察值班人员按规定向安全监管办负责人报告。

在区间发生事故时，由运转车长（无运转车长时为司机）立即报告铁路局列车调度员。如不可能，则报告最近车站值班员转报铁路局列车调度员。在站内或段管线内发生事故时，由站、段长直接报告铁路局调度员。

铁路运输企业列车调度员要认真填写“铁路交通事故（设备故障）概况表”，并分别向事故发生地安全监管办安全监察值班人员、国铁集团列车调度员报告。国铁集团列车调度员接到事故报告后，应及时收取或填写《铁路交通事故（设备故障）概况表》，并立即向值班领导和安全监察部值班人员报告；值班领导、安全监察部值班人员按规定分别向本部门负责人、国铁集团办公厅报告，由部门负责人向集团领导报告。事故涉及其他部门时，由办公厅通知相关部门负责人。发生特别重大事故、重大事故、较大事故或者有人员伤亡的一般事故，安全监管办应向事故发生地县级以上地方人民政府及其安全生产监督管理部门通报。发生特别重大事故、重大事故，由国铁集团办公厅负责向国务院办公厅报告，并通报国家应急管理部等有关部门。

2）行车事故报告的内容

行车事故报告的主要内容应包括以下信息。

（1）事故发生的时间、地点、区间（线名、公里、米）、线路条件、事故涉及的相关单位和人员。

（2）发生事故的列车种类、车次、机车型号、部位、牵引辆数、吨数、计长及运行速度。

（3）旅客人数、伤亡人数、性别、年龄及救助情况，是否涉及境外人员伤亡。

（4）货物品名、装载情况，易燃、易爆等危险货物情况。

（5）机车车辆脱轨辆数、线路设备损坏程度等情况。

（6）对铁路行车的影响情况。

（7）事故原因的初步判断，事故发生后采取的措施及事故控制情况。

应当立即报告的其他情况。

事故报告后，人员伤亡、脱轨辆数、设备损坏等情况发生变化时，应及时补报。

1.2.2　铁路交通事故应急救援

1. 基本规定

（1）为了规范和加强铁路交通事故（以下简称事故）的应急救援工作，最大限度地减少人员伤亡和财产损失，尽快恢复铁路运输秩序，依据《铁路交通事故应急救援和调查处理条例》（国务院令第 501 号）及国家有关规定，制定《铁路交通事故应急救援规则》。

（2）国家铁路、合资铁路、地方铁路、专用铁路和铁路专用线发生事故，造成人员伤亡、财产损失、中断行车及其他影响铁路正常行车，需要实施应急救援的，适用《铁路交通事故应急救援规则》。

（3）事故应急救援工作应当遵循“以人为本、逐级负责、应急有备、处置高效”的原则。

（4）国铁集团成立事故应急救援领导小组并设工作机构，建立健全工作制度，制定和完善事故应急救援预案，按照国家规定的权限和程序，组织、指挥、协调事故应急救援工作。

各铁路安全监督管理办公室（以下简称安全监管办）应当指导、督促铁路运输企业落实事故应急救援的各项规定，依法组织、指挥、协调本辖区内的事故应急救援工作。

（5）铁路运输企业应当相应成立事故应急救援领导小组并设工作机构，建立健全工作制度，制定和完善事故应急救援预案，加强救援队、救援列车的建设，负责事故应急救援的人员培训、装备配置、物资储备、预案演练等基础工作，积极开展事故应急救援。

（6）公安机关应当参与事故应急救援，负责保护事故现场，维护现场治安秩序，进行现场勘察和调查取证，依法查处违法犯罪嫌疑人，协助抢救遇险人员。

（7）事故应急救援工作必要时，由国铁集团协调请求国务院其他有关部门、有关地方人民政府、当地驻军、武装警察部队给予支持和帮助。

2. 救援报告

（1）事故应急救援实行逐级报告制度。国铁集团、安全监管办和铁路运输企业应当明确报告程序、方式和时限，公布接受报告的各级事故应急救援部门及电话。

（2）事故发生后，有关单位、部门应当按规定程序向上级单位和部门报告。（现场铁路工作人员或者其他有关人员应当立即向邻近铁路车站、列车调度员、公安机关或者相关单位负责人报告。）

接到报告的单位、部门应当根据需要立即通知救援队和救援列车。

遇有人员伤亡或者发生火灾、爆炸、危险货物泄漏等事故时，接到报告的单位、部门应当根据需要采取防护措施，并立即通知当地急救、医疗卫生部门或者公安消防、环境保护等部门。

（3）铁路运输企业列车调度员接到事故报告后，应当立即按规定程序报告本企业负责人，并向本区域的安全监管办和列车调度员报告。

（4）国铁集团列车调度员接到事故报告后，应当立即按规定程序上报。发生特别重大事故时，国铁集团应当立即向国务院报告。

（5）救援报告的主要内容。

① 事故发生的时间、地点（站名）、区间（线名、公里、米）、线路条件、事故相关单位和人员。

② 发生事故的列车种类、车次、机车型号、部位、牵引辆数、吨数、计长及运行速度。

③ 旅客人数，伤亡人数、性别、年龄及救助情况，是否涉及境外人员伤亡。

④ 货物品名、装载情况，易燃、易爆等危险货物情况。

⑤ 机车车辆脱轨数量及型号、线路设备损坏程度等情况。

⑥ 对铁路行车的影响情况。

⑦ 事故原因的初步判断，事故发生后采取的措施及事故控制情况。

⑧ 需要应急救援的其他事项。

（6）事故应急救援过程中，人员伤亡、脱轨辆数、设备损坏等情况发生变化时，应及时补报。

（7）事故应急救援情况需要向社会通报时，由国铁集团的宣传部门统一负责。

3. 紧急处置

事故发生后，列车司机或者运转车长等现场铁路工作人员应当立即采取停车措施，并按规定对列车进行安全防护。

遇有人员伤亡时，应当向邻近车站或者列车调度员请求施救，并将伤亡人员移出线路、做好标记，有能力的应当对伤员进行紧急施救。

为保障铁路旅客安全或者因特殊运输需要不宜停车的，可以不停车。但是，列车司机或者运转车长等现场铁路工作人员应当立即将事故情况报告邻近车站、列车调度员，接到报告的邻近车站、列车调度员应当立即组织处置。

客运列车发生事故造成车内人员伤亡或者危及人员安全时，列车长应当立即组织车上人员进行紧急施救，稳定人员情绪，维护现场秩序，并向邻近车站或者列车调度员请求施救。

救援队接到事故救援通知后，救援队长应当召集救援队员以最快速度赶赴事故现场。

到达事故现场后，应当立即组织紧急抢救伤员，利用既有设备起复脱轨的机车车辆，清除各种障碍，搭设必要的设备设施，为进一步实施救援创造条件。

发生列车火灾、爆炸、危险货物泄漏等事故时，现场铁路工作人员应当尽快组织疏散现场人员并采取必要的防护措施。

事故发生后影响本线或者邻线行车安全时，现场铁路工作人员应当立即按规定采取紧急防护措施。

4. 救援响应

(1) 接到事故救援报告后，应当根据事故严重程度和影响范围，按特别重大、重大、较大、一般四个等级由相应单位、部门做出应急救援响应，启动应急预案。

(2) 特别重大事故的应急救援，由国铁集团报请国务院启动，或者由国务院授权的部门启动。

国铁集团在国务院事故应急救援领导小组的领导下开展工作，开通与国务院有关部门、事发地省级事故应急救援指挥机构及现场事故救援指挥部的应急通信系统，征求有关专家建议及国务院有关部门意见提出事故应急救援方案，经国务院事故应急救援领导小组确定后组织实施，并派出专家和有关人员赶赴现场参加救援。

(3) 重大事故的应急救援，由国铁集团启动。国铁集团事故应急救援工作机构应当组建现场事故应急救援指挥部（以下简称现场指挥部），并根据事故具体情况设立医疗救护、事故起复、后勤保障、应急调度、治安保卫、善后处理等工作组，开通与事发地铁路运输企业和现场指挥部的应急通信系统，咨询有关专家，确定事故应急救援具体实施方案，立即派出有关人员赶赴现场，调集各种应急救援资源，组织指挥应急救援工作。必要时，协调请求事发地人民政府、当地驻军、武装警察部队提供支援。遇有超出本级应急救援处置能力时，及时向国务院报告。

(4) 较大事故、一般事故的应急救援，由相关部门启动或者督促铁路运输企业事故应急救援工作机构启动，组织成立现场指挥部，并根据事故具体情况设立医疗救护、事故起复、后勤保障、应急调度、治安保卫、善后处理等工作组，开通与现场指挥部的应急通信系统，咨询有关专家，确定事故应急救援具体实施方案。

有关负责人和专业人员应当立即赶赴现场，调集各种应急救援资源，组织指挥应急救援工作。必要时，由相关部门协调事发地人民政府、当地驻军、武装警察部队提供支援。超出本级应急救援处置能力时，及时向上级报告。

5. 现场救援

(1) 现场救援工作实行总指挥负责制，按照事故应急救援响应等级，由相应负责人担任总指挥，或者视情况由上级事故应急救援工作机构指定人员担任临时总指挥，统一指挥现场救援工作。

各工作组及参加事故应急救援的单位、部门应当确定负责人。救援列车进行起复作业时，由救援列车负责人或者指定人员单一指挥。

现场总指挥及参加事故应急救援的各工作组负责人、各单位和部门负责人、作业人员应当区别佩戴明显标志。

（2）现场指挥部应当在全面了解人员伤亡及机车车辆、线路、接触网、通信信号等行车设备损坏、地形环境等情况后，确定人员施救、现场保护、调查配合、货物处置、救援保障、起复救援、设备抢修等应急救援方案，并迅速组织实施。

在实施救援过程中，各单位、部门应当严格执行作业规范和标准，防止衍生事故。

（3）事故发生后，运输调度部门应当根据需要及时发布各类救援调度命令。重点安排救援列车出动和救援物资运输。需要其他铁路运输企业出动救援列车时，由国铁集团发布调度命令。

造成列车大量晚点时，应当尽快采取措施恢复行车秩序。预计不能在短时间内恢复行车秩序时，应当尽量将客运列车安排停靠在较大车站，并组织向站车滞留旅客提供必要的食品、饮用水等。

（4）事故造成人员伤亡时，现场指挥部应当立即组织协调对现场伤员进行救治，紧急调集有关药品器械，迅速将伤员转移至安全地带或者转移救治，采取必要的卫生防疫措施。

遇有重大人员伤亡或者需要大规模紧急转移、安置铁路旅客和沿线居民的，应当及时通知事发地人民政府组织开展救治和转移、安置工作，必要时可以由相关部门进行协调。

（5）现场指挥部应当根据需要迅速调集装备设施、物资材料、交通工具、食宿用品、药品器械等救援物资。铁路运输企业各单位、部门必须无条件支持配合，不得以各种理由推诿拒绝，延误救援工作。

物资调用超出铁路运输企业自身能力时，可以向有关单位、部门或者个人借用。

（6）事故涉及货运列车时，货运部门应当迅速了解事故货车及相关货车的货物装载情况，组织调集装卸人员和机具清理事故货车及相关货车装载的货物，处置事故列车挂运的危险、鲜活易腐等货物，编制货运记录。

（7）事故应急救援需要出动救援列车时，救援列车应当在接到出动命令后30 min内出动，到达事故现场后，救援列车负责人应当迅速确定具体的起复作业方案，经现场总指挥批准后立即开展起复作业。

救援列车在桥梁或坡道等特殊地段作业时，应当连挂机车。两列及以上救援列车分头作业时的指挥，由现场总指挥协调分工后各自负责。两列及以上救援列车在同一个作业面集中作业或者联动作业时，由负责本区段救援任务的救援列车或者由现场总指挥指定人员负责指挥。救援列车在电气化区段实施救援作业时，应当在确认接触网工区接到停电命令并做好接地防护后方准进行。

起复动车组、新型机车车辆等，应当使用专用吊索具。

（8）事故应急救援需要通信保障时，通信部门应当在接到通知后根据需要立即启用“117”应急通信人工话务台，组织开通应急通信系统。事故发生在站内，应当在30 min内开通电话、1 h 内开通图像传输设备。事故发生在区间，应当在 1 h 内开通电话、2 h 内开通图像传输设备。并指定专人值守，保证事故现场音频、视频和数据信息的实时传输，任何人不得干扰、阻碍事故信息采集和传输。

（9）事故造成铁路设备设施损坏时，有关专业部门应当立即组织抢修，根据实际情况及时切断事故现场电源，拆除、拨移和恢复接触网，及时架设所需照明设备，调集足够的救援队伍、材料和机具，积极组织抢修损坏的线路、通信信号等行车设备设施，协助事故机车车辆的起复。对可以运行的受损机车车辆进行检查确认，符合挂运条件的方准移动，必要时派人护送。起复作业完毕后，应当迅速做好开通线路的各项准备。

（10）事故遇有装载危险货物车辆时，现场指挥部应当在采取确保人身安全和作业安全措施后，方可开展救援。

危险货物车辆需卸车、移动或者起复时，应当在专业人员指导下作业，及时清除有害残留物或者将其控制在安全范围内。必要时，由安全监管办协调环保监测部门及时检测有害物质的危害程度，采取防控措施。

（11）公安机关应当组织解救和疏散遇险人员，设置现场警戒区域，阻止未经批准人员进入现场，指定专人进行现场勘查取证，必要时实施现场交通管制，负责事故现场旅客、货物及沿线滞留列车的安全保卫工作。

（12）事故应急救援过程中，有关单位和个人应当妥善保护事故现场及相关证据，并及时移交事故调查组。因应急救援需要改变事故现场时，应当做出标记、绘制现场示意图、制作现场视听资料，并做出书面记录。任何单位和个人不得破坏事故现场，不得伪造、隐匿或者毁灭相关证据。

（13）事故救援完毕后，现场指挥部应当组织救援人员对现场进行全面检查清理，进一步确认无伤亡人员遗留，拆除、回收、移送救援设备设施，清除障碍物，确认具备开通条件后，立即通知有关人员按规定办理手续，由列车调度员发布调度命令开通线路，尽快恢复正常行车。

6. 善后处理

（1）事故善后处理工作组应当依法进行事故的善后处理，组织妥善做好现场遇险滞留人员食宿、转移和旅客改签、退票等服务工作，以及伤亡人员亲属的通知、接待及抚恤丧葬、经济补偿等处置工作。负责收取伤亡人员医疗档案资料，核定救治费用。

（2）对事故造成的伤亡人员，现场指挥部应当在积极组织施救的同时，负责协调落实伤亡人员的救治、丧葬等临时费用，待事故责任认定后，由事故责任方承担。

（3）事故造成人员死亡的，应当由急救、医疗卫生部门或者法医出具死亡证明，尸体由其家属或者铁路运输企业存放于殡葬服务单位，或者存放于有条件的急救、医疗卫生部门。

尸体检验完成后，由事故善后处理工作组通知死者家属在 10 日内办理丧葬事宜。对未知名尸体，由法医检验后填写《未知名尸体信息登记表》。经核查无法确认死者身份的，经事故善后处理工作组负责人批准，刊登认尸启事，刊登后10日无人认领的，由县级或者相当于县级以上的公安机关批准处理尸体。

（4）事故造成境外来华人员死亡的，事故善后处理工作组应当通知死者亲属或者所属国家驻华使（领）馆，尸体处置事宜按照我国有关规定办理。

（5）对事故现场遗留的财物，事故善后处理工作组或者公安部门应当进行清点、登记并妥善保管。

（6）对事故造成的人员伤亡、财产损失及事故应急救援费用等应当进行统计。

借用有关单位和个人的设备设施和其他物资，使用完毕后应当及时归还并适当支付费用，丢失或者损坏的应当合理赔偿。

（7）对事故造成的人员伤亡和财产损失，按照国家有关法律、法规和《铁路交通事故应急救援和调查处理条例》的有关规定给予赔偿。

事故当事人对损害赔偿有争议时，可以协商解决，或者请求组织事故调查组的机构进行调解，也可以直接提起民事诉讼。

（8）属于肇事方责任给铁路运输企业造成损失的，应当按照事故认定书由肇事方赔偿。

（9）因设备质量或者施工质量造成事故损失的，铁路运输企业有权依据事故认定书向有关责任方追偿损失。

（10）事故应急救援工作结束后，现场指挥部应当对事故应急救援工作进行总结，于5日内形成书面报告，并附事故应急救援有关证据材料，按事故等级报国铁集团事故应急救援领导小组或者安全监管办备案。

由国铁集团事故应急救援领导小组组织进行全面总结分析，对事故应急救援的组织工作进行评价认定，总结经验教训，制定整改措施，修改完善应急预案及有关制度办法。

7. 处罚及问责

（1）铁路运输企业及其职工违反《铁路交通事故应急救援规则》规定，不立即组织事故应急救援或者迟报、漏报、瞒报、谎报事故等延误救援的，由国铁集团对责任单位处10万元以上50万元以下的罚款，对责任人处4 000元以上2万元以下的罚款。

（2）国家工作人员以及其他人员违反《铁路交通事故应急救援规则》规定，未立即启动应急预案或者迟报、漏报、瞒报、谎报事故等延误救援的，对主管负责人和其他直接责任人依法给予行政处分。涉嫌犯罪的，依照有关规定移送司法机关处理。

（3）违反本规则规定，干扰、阻碍事故应急救援的，由国铁集团或者安全监管办对责任单位处4万元以上20万元以下的罚款，对责任人处2 000元以上1万元以下的罚款。情节严重的，对责任单位处20万元以上100万元以下的罚款，对责任人处1万元以上5万元以下的罚款。属于国家工作人员的，依法给予行政处分。违反治安管理规定的，由公安机关依法给予治安管理处罚。涉嫌犯罪的，依照有关规定移送司法机关处理。

1.3　动车组列车安全管理

旅客列车运输安全工作就是要保证旅客在车站和运输途中不发生人身伤害事故和财产损失，同时保证铁路企业职工的自身安全。

1.3.1　列车安全工作标准

无行车责任事故；

无火灾、爆炸事故；

无旅客重伤以上责任事故；

无职工重伤以上事故；

无责任晚点和责任甩车、冻车；

无行包责任事故；

无票据、现金丢失；

无责任食物中毒；

落实治安防范措施，无旅客物品被盗（指公安立案的）；

落实软座、软包管理措施，保证重要旅客乘车安全。

1.3.2　列车超员规定

时速 300~350 km 及以上的客运专线动车组和直通动车组不得超员；铁路局管内短途一等座车不得超员，二等座车最高超员率为 20%。根据有关规定，直通动车组列车的二等座车可适度超员，超员总数不得超过该次列车二等座定员总数的 20%，售票员出售无座车票时，必须告知旅客，由旅客自愿选择。

1.3.3　列车作业安全

列车员（乘务员）在列车运行中应当加强对列车安全设备的管理，禁止旅客随意扳动、触碰灭火器、紧急开门阀、紧急制动阀等安全设备，对车门口附近的旅客随时进行“请勿倚靠车门、不要在车门附近站立”的宣传。

严禁任何人在列车正常运行时打开气密室，禁止任何无关人员进入司机室。

动车组运行中，乘务员要加强车内巡视，做好禁止吸烟的宣传和提示。提示旅客取用开水时不要倒得过满。

列车开车前，提示站在车门口的旅客不要靠近车门，以免被车门挤伤；宣传提示上车旅客注意脚下，防止摔伤。列车终到前，提示旅客注意脚下，防止摔伤（要加强雨雪天气的安全提示）。

列车运行中乘务员应加强车内行走安全（尤其是儿童车内行走安全）的宣传。

对中途需要照顾的重点旅客，随时进行重点帮扶，防止摔伤。

随车机械师、列车长、乘务员、司机手持电台应经常置于频道1上，保持通话畅通。联系时应呼叫车次、职名。

注意查堵易燃、易爆和有毒危险品。

遇列车临时停车时，乘务员要提醒旅客注意安全，看管好自己的物品，以防被盗。

1.3.4 乘务员劳动安全

劳动安全是保护劳动者安全健康和发展生产力的一项重要工作，是保证企业持续、稳定、协调发展和社会安定团结的基本条件，是企业文明生产的重要标志。

劳动安全关系到保护劳动者的基本权利，关系到企业和国家的声誉和形象，关系到职工安全与健康，以及家庭幸福，关系到企业生产发展。无数事实和教训证明，安全就是效益，事故就是损失。加强劳动安全管理的重要意义在于改善劳动条件，搞好劳动保护，保护劳动者的生存权，确保职工的安全和健康。

1. 安全意识和安全行为教育

（1）在接班前，必须充分休息，保持精力充沛。严禁在接班前和工作中饮酒。

（2）通过线路时，应走天桥、地道。无天桥、地道时，应走平过道，并严格执行“一停、二看、三通过”制度。

（3）顺线路行走时，应走路肩，不走轨心、轨面和轨枕头，随时警觉前后列车。

（4）横越有机车车辆停留的线路时，应在该机车车辆较远处通过，并注意有无机车车辆通行。严禁在运行中的机车车辆前面抢越。

（5）横越列车或车辆时，不得钻车底。应首先确认该列车或车辆暂无移动的可能，然后抓紧把手，从车钩上越过（注意不要踢开车钩提杆）。在雨、雾天或冬季，视觉和听觉功能会受到影响，更应特别注意。

（6）列车夜间运行中突然停电时，应立即通知机械师到现场处理，自己要坚守岗位，必要时封闭两端车门防止发生意外；严禁使用明火照明。

（7）乘务间要保持清洁、干燥，不能在配电柜上摆放物品，挂放衣物等。严禁摸黑开关电器设备，防止触电。

（8）进行高空作业时要身系安全带，梯子要有人扶，不下掷物品。

客车发生电器火灾时，不能用水灭火，而应先断电，再灭火。用水灭火有可能触电伤人或造成断路。

2. 乘务员在电气化区段必须遵守的安全作业规定

（1）严禁登上机车车辆的车顶或翻越车顶通过线路。

（2）严禁登上车顶击打餐车、茶炉、燃煤锅炉的烟筒，也不能用长杆去接触车顶任何部位。

（3）在接触网带电的情况下，严禁用水冲刷车辆。

（4）给车辆上水时，注意先插胶管，后开水阀。客车上水完毕，先关闭阀门，后拔掉胶管，严禁水管朝上喷射接触网带电部分。

（5）在接触网带电的情况下，严禁用棒条等物处理车辆顶部的扒车人员或物体。

1.3.5 旅客安全工作

为保证旅客安全，乘务员在列车运行中应做好以下工作。

及时疏导旅客，保证车厢内部畅通，做到“三不堵”：通道不堵、车门不堵、通过台不堵。

照顾好老、幼、病、残、孕旅客，宣传劝阻旅客不要在车辆连接处站立，不要手扶风挡、门缝，以免挤伤、碰伤。

倒开水时，要接杯站稳、对准，不倒过满，避免烫伤。

乘务员在值乘中应对门窗、踏板、制动阀、卧铺支柱、行李架、灭火器等设备和设施，进行认真检查和巡视，发现异状、异物、异味要及时向列车长汇报并采取措施处理。

行李架上的物品应摆放得平稳、牢固；较重的物品、锐器、杆状物品、玻璃制品等应放在座位下面。

当换乘时，做好扶老携幼服务工作，宣传注意邻线的来往车辆等事项，提醒旅客不要钻车底，防止碰伤或轧伤。

当列车内严重超员时，乘务员要加强宣传，讲清危害，提醒旅客注意防止手脚被挤伤、夹伤。在疏导旅客时，要对重点旅客（老、幼、病、残、孕）进行适当安置。发现危及行车安全和人身安全的情况，要向列车长汇报，并采取确保安全的措施。

当列车上发生歹徒行凶时，要机智、勇敢、当机立断采取果断措施，制止歹徒行凶，同时要迅速通知列车长、乘警及时赶到现场，组织应急小组和其他人员制服歹徒，维持车内秩序。如有旅客、其他乘务员受伤要积极组织急救，必要时交前方有医疗条件的车站抢救。

当列车运行中遇中途临时停车时，乘务员要坚守岗位，注意瞭望，不得擅自下车，列车起动后进行巡视。

当客车上发生治安案件时，乘务员应立即报告列车长、乘警，及时赶赴现场；协助公安人员保护现场，严禁无关人员进入现场；同时维护车厢秩序，注意车内动态；会同公安人员作详细调查，及时向上级报告。

需要注意的是，实施安全检查的铁路职工必须佩戴值勤标志，查堵“三品”时，只能对旅客随身携带的物品进行检查，不能对旅客人身进行检查，对旅客人身的检查，应由公安人员进行。

【实训】

高速铁路客运安全基础知识实训

【实训目标】

（1）能够掌握高速铁路安全的概念。

（2）能够掌握高速铁路客运安全管理体系及铁路运输事故及应急救援的相关知识。

（3）培养自主学习能力。

【实训内容与要求】

第一步：由教师介绍实训的目的、方式、要求，调动学生实训的积极性。

第二步：对学生进行分组，确定各小组的组长和人员分工、学习方式，制订小组学习计划，了解团队要做什么，要达到什么目的。

第三步：由教师介绍高速铁路客运安全基础知识及讨论的话题。

第四步：各小组对教师布置的问题进行讨论，并记录小组成员的发言。

第五步：根据小组讨论记录撰写讨论小结。

第六步：各小组相互评议，教师点评、总结。

【实训成果与检测】

成果要求：

（1）提交案例讨论记录。3~5 名学生一组，设小组长 1 人、记录员 1 人，每组必须提交详细的讨论记录，以作为考核成绩的依据。

（2）能够在规定的时间内完成相关的讨论，撰写文字小结。

评价标准：

（1）上课时积极与老师配合，积极思考、发言。

（2）认真阅读案例，积极参加小组讨论，分析问题思路较宽。案例分析基本完整，能结合所学理论知识解答问题。

项目 2

高速铁路旅客运输作业及人身安全

【知识目标】

- 了解旅客运输作业安全通用标准；
- 掌握客运工作人员人身安全规定；
- 掌握车站客运安全作业标准。

【技能目标】

- 能够根据列车客运安全作业标准完成相关工作；
- 能够掌握旅客列车防止发生旅客人身伤害事故的具体措施。

【学习重点及难点】

- 学习重点：旅客运输作业安全通用标准、客运工作人员人身安全规定、车站客运安全作业标准。
- 学习难点：列车客运安全作业标准、旅客列车防止发生旅客人身伤害事故的具体措施。

【本章知识结构图】

2.1　高速铁路旅客运输作业安全

2.1.1　旅客运输作业安全通用标准

（1）职工在接班前，必须充分休息，保持精力充沛。严禁在接班前或工作中饮酒。

职工工作中严禁脱岗、串岗、私自替班或换班。对于视听不良、行动不便的人员，严禁其单人作业和使用重点工、机具及担任防护员等工作。从业人员上岗前必须按规定穿戴劳动防护服装和携带必要的人身安全防护备品。禁止穿凉鞋、高跟鞋、塑料底鞋和带钉子的鞋上岗作业，未穿戴劳动防护服装和携带人身安全防护用品的不准上岗作业。

新上岗、转岗、调岗和提改职人员必须进行单位、车间、班组三级安全教育培训，并经逐级考试且鉴定合格后，方准上岗。学徒工、实习人员参加作业前，必须签订师徒合同，严格落实人身安全互控措施，严禁师徒分离，否则不得单独顶岗作业。

（2）接班点名时，开展劳动安全预想预防活动。

（3）职工沿线路行走时，严禁走道心、轨枕头和侵入限界。横越线路时不准脚踏钢轨面道岔连接杆、尖轨、可动心辙岔等处所。遇到特殊情况必须在线路上行走时，应设专人防护。

（4）职工通过线路时，应走天桥、地道、平交道。通过平交道时，应一站、二看、三通过，注意左右来往机车、车辆动态及脚下障碍物。

（5）职工在线路股道中作业时，应随时注意列车通过情况。需穿越停有机车、车辆的线路时，必须先确认机车、车辆是否移动，然后在距机车、车辆 10 m 外通过。并要注意脚下有无障碍物及邻线机车、车辆动态。严禁在运行的机车、车辆前面抢越线路和平交道。

（6）职工严禁钻爬车底，跨越车钩。严禁扒乘机车、车辆和行包、邮政拖车（行包装卸人员按规定执行作业），严禁以车代步。

（7）职工上线作业时必须精力集中、严守纪律，认真执行安全检查确认制度和呼唤应答制度，不准打闹、开玩笑、阅读书报、接打手机和做与本岗位工作无关的事情。

（8）职工进行线路作业时，应从站台两端（或中部）平交道进入线路，不得从站台上直接跨入线路。

（9）车站线路保洁人员在线路中作业时，应按规定落实专人防护措施，未落实防护措施不得作业。防护人员必须经培训合格方可担任。

（10）职工在电气化区段作业时必须做到以下几点。

① 车站在进行旅客列车上水作业时，必须严格执行先接水管、后开阀门；关闭阀门、再拔水管的作业程序（使用上水管连接器的除外）。

② 严禁带电冲刷机车、车辆上部，严禁带电洗刷列车外车皮和冲洗站台立柱面。

③ 在接触网未停电的情况下，严禁攀登车顶或使用长杆物品疏通烟筒或调整通风口。为保证人身安全，除专业人员执行有关规定作业外，其他人员（包括所携带的物件）与牵引供电设备带电部分的距离，不得少于 2 000 mm。在设有接触网的线路上，严禁攀登车顶及在装载货物的车辆上部作业。

（11）岗位作业人员，必须经过劳动安全教育培训，并经考试合格后方可上岗。特殊工种应该具备相应的合格证，做到持证上岗。

（12）烈性传染病患者、精神病患者或健康状况危及他人安全的旅客，站、车可以不予运送，已购车票按旅客退票的有关规定处理。

对烈性传染病患者（尤其是患有对人身健康危害严重、有暴发性流行可能的疾病的患者），车站发现时应告之铁路规定并为其办理退票手续，若在列车上发现时，列车长编制客运记录交车站。必要时，应通知铁路防疫部门处理污染现场。

2.1.2 车站客运安全作业标准

（1）严禁职工及其他人员在站台、平交道骑自行车、电动自行车、三轮车、摩托车等车辆。

（2）行包、邮政牵引车，行李电瓶搬运车和其他作业车辆在站内通过平交道时必须派人引导，随车人员应下车步行，车辆行驶中不超速、不抢越。

站台一侧线路有列车通过时，该站台各种机动车辆严禁调头或转向。

（3）行包装卸人员开展装卸作业，必须严格执行车停开始、铃响停止的作业规定，严禁车动时抢装、抢卸、抓车、跳车和随车奔跑。

（4）线路保洁人员、上水人员作业必须按规定穿防护服（上水人员还应穿防护鞋并戴安全帽）。接车时，面向列车进站方向，站在安全位置迎接列车进站。作业过程中，相邻线路有列车通过时，应提前在安全位置避车。

（5）站、车应加强禁带危险品的宣传，铁路公安人员和客运人员要密切配合，共同做好检查危险品工作。实施运输安全检查时，应佩戴规定的标志。站、车对查出的危险品应予没收，数量较大的交由铁路公安部门处理。

（6）车站发现无人护送的精神病旅客，应严禁其乘车。对有人护送的，应通知列车长，协助护送人员以免发生意外。

2.1.3 列车客运安全作业标准

（1）坚持“安全第一，预防为主”的原则。

（2）客运乘务人员在上下车时，要紧握扶手，注意安全。严禁随车奔跑，飞乘飞降。

（3）列车乘务员需从反面下车作业或在区间停车需下车作业时，必须有专人进行防护，严禁在无安全防护或防护措施未到位的情况下，下车进行作业。

（4）在高站台作业时，必须确保翻板卡牢，防止因翻板弹起造成伤害。上下车时，注意车门与站台缝隙，防止坠落。停站在车门立岗时，不得站于两车厢连接处，组织旅客有序上车，防止因旅客拥挤而坠落站台。

（5）在折返站看车时，看车人员必须坚守岗位，不得喝酒、打牌，不得在禁烟区吸烟。

（6）客运乘务人员在折返站停留需外出时，必须严格执行请销假制度，列车长应掌握外出人员的人数、去向和时间，外出人员严禁喝酒、打牌。

（7）列车一切为旅客服务的设备、备品应齐全并保持良好的运用状态，夜间应有良好的照明。对于消防设施，必须定期检查，在春节、“五一”、“十一”等节假日之前要检查设备。在冬季应及时清除乘降梯积冰、积水，要有防滑措施。

（8）应经常向旅客宣传安全知识，劝阻旅客不要站在车辆连接处，不要手扶门框。列车通过大桥、隧道时，应巡视车厢。加强禁止吸烟宣传，加强儿童等重点旅客旅行安全、行李架调整安全、财产保管安全工作。

乘务作业要做到“三早”“三无”“一畅通”。“三早”：早报站、早组织旅客、早出场；“三无”：风挡处无长途旅客，无重点旅客，无大件携带品；“一畅通”：保持车厢通道畅通。

（9）列车上查出的危险品，由值乘的公安人员妥善保管，移交最近前方停车站公安派出所处理，车站不设公安派出所的，则由列车长编制客运记录，移交车站处理，对发令纸、鞭炮类的危险品，应立即浸水处理。旅客携带危险品进站上车，造成事故时，按国家有关规定处理。

（10）在列车内发现无人护送的精神病旅客，列车长应指派专人看护，公安人员应予协助，移交到站或换乘车站处理，不得转交中途站。发现有人护送的精神病旅客，乘务员应向护送人介绍安全注意事项，并予以协助。

2.2 高速铁路旅客运输人身及财产安全

2.2.1 铁路旅客人身伤害及携带品损失事故处理

1. 基本原则

进行铁路旅客人身伤害及携带品损失事故的处理时，要维护旅客合法权益。在处理旅客人身伤害或携带品损失时，应当坚持实事求是、依法依规、就近及时的原则。

2. 现场处置与报告

(1) 列车、车站发生旅客人身伤害时，站车工作人员应当到场查看旅客伤害情况，报告列车长、站长组织救护，稳定人员情绪，维护现场秩序。

(2) 因旅客伤害需交车站处理时，应移交前方县、市所在地车站或者当地具有公共医疗条件的停车站；需要提前报告运行所在铁路局客运调度员时，由客运调度员通知车站做好救护准备工作。

(3) 旅客不同意在规定的停车站下车处理时，应当由旅客出具拒绝下车治疗的书面声明，收集两份及以上证人证言。

(4) 列车因旅客伤害严重需紧急停车处理或发生 3 人以上疑似食物中毒的，应立即报告运行所在铁路局客运调度员。接到报告后，客运调度员应当立即根据列车长提出的要求，通知有关车站及值班主任，并报告本铁路局客运处。

(5) 列车发现旅客在区间坠车时应当立即停车按照第(1)项处理，通知就近车站或将受伤旅客移交就近车站。需要防护时，按有关规定处理。

不具备停车条件时，列车长应当报告运行所在铁路局客运调度员，客运调度员接到报告后立即通知值班主任，值班主任通知相关列车调度员和铁路公安局指挥中心，由列车调度员和铁路公安局指挥中心分别通知邻近车站及车站铁路公安派出所派人寻找。列车运行至前方停车站时，列车长应拍发电报，向发生地和列车担当铁路局主管部门报告。

(6) 车站对本站发生的及列车移交的受伤旅客，应当及时联系当地医疗急救机构或送就近医院抢救。

(7) 发生医疗费用时，应当根据对责任的初步判断，属于旅客自身责任或第三人责任的，由旅客或第三人支付医疗费用。

暂不能区分责任或者责任人不明、无力承担的，经处理站站长或车务段段长批准，可用站进款垫付。动用站进款时，事先填写或事后补填“运输进款动支凭证”，10 日内由核算站或车务段财务拨款归还。

(8) 受伤旅客经现场抢救无效死亡，或对站内、区间发现的旅客尸体，经医疗部门或公安机关确认死亡，公安机关现场勘查结束后，车站应当转送殡仪馆存放，并尽快通知其家属。尸体存放原则上不超过 10 日。

死者身份不清且在地（市）级以上报纸刊登寻人启事 10 日后仍无人认领的，应当根据铁路公安机关书面意见处理尸体；系不法侵害所致的，应当根据公安机关的书面意见并商死者家属意见处理死者尸体。

对死者的车票、衣物、随身携带物品等应当妥善保管，并在善后处理时一并转交其继承人；死者身份不明或者家属拒绝到站处理的，按无法交付的物品处理。

（9）外国人在铁路站车死亡的按照《关于转发〈民政部、外交部、公安部关于外国人在华死亡后处理程序有关问题的实施意见〉的通知》（公法〔2008〕25号）处理。

（10）发生旅客人身伤害，需要保护现场时，应当及时采取措施保护现场，禁止与救援、调查无关的人员进入。必要时，可请求地方政府提供协助。

（11）发生旅客人身伤害后，列车长、站长应当及时组织现场查验，全面搜索、梳理相关证据资料，检查旅客所持车票的票种、票号、发到站、车次、有效期及有效身份证件信息等，描绘现场旅客定位图，收集不少于两份同行人或见证人的证言及查验记录、现场照片、录像等其他相关证据，形成比较完整的证据链，能够证明事件发生的过程和原因，初步明确性质。应妥善保管相关证据。

旅客或第三人能够说明事件发生经过或责任的，应当由其出具书面材料，并签字确认。

涉及违法犯罪或者旅客死亡的，由铁路公安机关组织现场勘查。

证人应当具有完全民事行为能力。证人证言中应当记录证人的姓名、性别、年龄、地址、联系方式、有效身份证件信息等内容。有医务工作人员参加救治时，应当由其出具参与救治的证言。证言、证据应当真实完整，能够反映事故发生的时间、地点、过程、原因和结果。

（12）列车向车站移交受伤旅客时，车站不得拒绝接收。办理移交手续时，列车应当编制客运记录和旅客携带品清单一式两份，一份自留存查，另一份连同车票、证明材料、相关证人证言及其联系方式等一并移交车站。客运记录应载明日期、车次、旅客姓名、性别、年龄、国籍、民族、职业、单位、有效身份证件号码、联系方式、住址，车票种类、号码、发站、到站、车厢席位，受伤地点、受伤原因、受伤部位，处理简况，以及证据材料清单等内容。因时间原因来不及记明前述内容时，可在客运记录中简要记明日期、车次、移交原因，但必须在3日内向处理单位补交有关材料。特殊情况来不及编制客运记录的，列车长或其指定的专人应随同伤害旅客下车办理交接。涉及第三人时，应将第三人同时交站处理。对已经控制的违法、犯罪嫌疑人，应当及时移交车站铁路公安派出所。

（13）列车发现精神异常旅客时，应重点关注，并按规定交到站或下车站妥善处理。列车运行途中，旅客有同行成年人的，应要求其同行成年人看护；无同行成年人时，应指派专人看护。必要时，可将其安排在适当位置看护。

车站发现进站乘车的旅客精神异常时，可不准其进站乘车，并为其办理退票手续。

（14）旅客在法定时限内索赔且能够证明伤害是在铁路旅客运输过程中发生的，受理单位应及时通知事故发生单位，并本着方便旅客的原则，移交旅客就医所在地车站或旅客发、到站处理，被移交站应当受理。发生单位应当在10日内收集并向处理单位移交相关证据材料。

（15）在站内或区间线路上发现有坠车旅客时，发现或接到通知的车站应当迅速通报有关列车。有关列车接到通报后，应当立即调查。发生列车应当收集相关证据材料和旅客携带物品，并向处理站移交。

（16）对下列情况造成的旅客人身伤害应当立即向铁路公安机关报警。

① 杀人、抢劫、抢夺、强奸、爆炸、纵火、绑架、结伙斗殴、寻衅滋事、故意伤害、击打列车、故意损坏站车设备等违法犯罪行为。

② 散布谣言，谎报险情、疫情、警情，扬言放火、爆炸、投放危险物质，非法阻拦行车、堵塞通道等，引起公共秩序混乱。

③ 火灾、爆炸、中毒等灾害事故。

④ 精神病人肇事、肇祸，醉酒者滋事。

⑤ 自然灾害。

⑥ 铁路设备、设施故障造成的事故。

（17）发生旅客人身伤害及携带品损失且有下列情形之一的，应当及时通知铁路公安机关。

① 应当控制、约束违法犯罪嫌疑人和扣押相关涉案物品的。

② 应当保护现场、维持秩序、协同救助的。

③ 应当由铁路公安机关介入调查、获取证据、查明原因的。

④ 引发治安纠纷或者酿成群体性事件并影响站车秩序，应当及时处置的。

⑤ 造成旅客死亡的。

（18）车站、列车发生旅客人身伤害事故时，可用电话向所在单位或上级主管部门报告概况；但发生重伤以上旅客人身伤害时，应在第一时间向所属铁路局主管部门报告，随后向有关铁路主管部门拍发速报，并逐级向上级主管部门和宣传部门报告。报告（含速报）内容应包括以下内容。

① 事故发生时间、车次、地点。

② 伤亡旅客的姓名、性别、年龄、国籍、民族、职业、单位、有效身份证件号码、联系方式、住址，以及车票种类、号码、发站、到站、车厢、席位等基本情况。

③ 事故发生经过、旅客伤亡及现场处理情况。

3. 善后处理

（1）发生旅客人身伤害后，发生地车站（车务段）或处理站（车务段）应当组织发生单位、车站铁路公安派出所及相关单位成立善后处理工作组（以下简称工作组）。必要时，由发生地或处理站所在铁路局组织善后工作。发生旅客轻伤且经旅客或第三人同意现场调解、责任明确的，可由车站会同铁路公安派出所、发生单位、旅客、第三人等共同进行现场处理。

（2）工作组负责如下工作。

① 办理受伤旅客就医、食宿等事宜。

② 收集有关资料，建立案卷。案卷中应有：客运记录、证人证言、车票、医院证明、

现场照片或图示、寻人启事及铁路公安机关处理尸体意见等材料；铁路公安机关制作的现场勘验笔录、法医鉴定结论，在不影响案件办理的情况下，可以收集存入案卷。

③ 核查伤亡旅客身份，通知其家属或发布寻人启事。

④ 处理旅客遗留物品或死亡旅客遗体。

⑤ 向旅客或其继承人、代理人通报有关情况，协商处理善后事宜。

⑥ 其他与善后处理有关的事宜。

（3）受伤旅客临床治疗结束或死亡旅客遗体处理完毕，工作组应当根据铁路安全监督办公室对责任的确定情况，核实各项费用及授权委托书、亲属关系证明等有关证明材料后，涉及铁路运输企业责任的，尽快按有关法律规定与旅客或其继承人、代理人协商办理赔付。

（4）医疗费用应根据实际产生或后续治疗需要，凭治疗医院单据或建议核定。旅客需转院治疗时，应与处理单位协商一致，并经治疗医院同意。

（5）残疾赔偿金应根据有关鉴定机构出具的旅客人体损伤残疾程度鉴定意见，或者根据旅客受伤程度，比照有关人体损伤残疾程度鉴定标准所对应的残疾等级，按照有关标准计算。

（6）办理赔付时，编制“铁路旅客人身伤害及携带品损失最终处理协议书”，经各方确认、签字，加盖处理单位公章后，将赔偿金依据法定顺位支付给旅客或其继承人、代理人，旅客或其继承人、代理人出具收据交处理单位。

（7）根据责任确定情况，处理旅客人身伤害所发生的赔偿金及其他费用，由责任单位承担；无法确定责任单位的，由发生单位承担。

（8）需向责任单位或发生单位转账时，由处理单位所属铁路局财务部门开具“转账通知书”，连同“铁路旅客人身伤害及携带品损失最终处理协议书”转送责任单位或发生单位所属铁路局财务部门。责任单位或发生单位所属铁路局财务部门应当在收到“转账通知书”等材料次日起30日内将费用转拨至处理单位所属铁路局；超过30日的，每超过1日，按应付费用的0.5%支付滞纳金。

旅客人身伤害是旅客自身原因或第三方造成时，铁路运输企业在垫付相关费用后，可向旅客或第三方追偿。

4. 调查报告与统计

（1）旅客人身伤害处理完毕后，处理单位和发生单位应在3日内逐级向铁路局客运主管部门报送“调查处理报告”。

（2）铁路局应当在每月20日前汇总上月本局处理的旅客人身伤害情况，按要求填写“铁路旅客人身伤害统计表”和“安全情况报告”，报国铁集团运输统筹局。案卷一案一卷，由处理单位保管，保存期为5年。

5. 保障

（1）车站、列车应当按规定配置安全防护设备和视频监控装置，合理设置安全警示标志，建立健全日常管理、维护机制。视频监控管理部门应当定期采集视频监控数据，涉及旅客人身伤害纠纷的视频监控数据保存期不得少于一年。铁路局应当积极采用信息化手段，建立站车安全等信息平台，确保信息沟通快速畅通。

（2）铁路局应加强旅客人身伤害及携带品损失处理费用的预算和支出管理，确保各项费用依法合理使用。

（3）铁路局及站、段应根据需要设置旅客人身伤害及携带品损失处理的工作人员，配备照相机、摄像机、录音笔等必要的设备，给予适当的岗位、交通、通信等补贴，定期组织相关人员参加培训，提高其业务能力。

（4）铁路局法律部门应当加强对旅客人身伤害及携带品损失处理的指导，定期组织法律专业知识培训。

（5）在铁路运输过程中发生旅客携带品损失时，旅客或其继承人、代理人应当向铁路运输企业提出可确认的证据；铁路运输企业经确认后，使用“铁路旅客人身伤害及携带品损失最终处理协议书”，由参与协商各方签字盖章后，办理赔付。

（6）在铁路旅客运输过程中遇到突发疾病的旅客、分娩的旅客时，车站、列车应当尽力予以救助，其救助程序参照相关规定办理。

6. 其他规定

（1）在铁路旅客运输过程中（自旅客进站检票时起至出站检票时止）发生的铁路旅客人身伤害及携带品损失，由发生地或处理站所在地的铁路安全监督管理办公室（客运专业管理部门）组织处理站或其上级主管部门、铁路公安派出所或其上级铁路公安机关、相关专业管理部门等开展调查工作，了解相关情况，确定责任主体，提出处理意见。

（2）下列情况造成的铁路旅客人身伤害及携带品损失，依据有关法律法规由相关部门组织调查。

① 因铁路交通事故造成铁路旅客人身伤害及携带品损失的，依据《铁路交通事故调查处理规则》由相关部门组织调查。

② 属于铁路公安机关管理职责范围的，由铁路公安机关组织调查。

③ 旅客食品安全事故调查处理由铁路食品安全监督管理办公室负责，并依据有关法规规定的程序执行。

（3）发生旅客轻伤且经旅客或第三人同意现场调解、责任明确的，可由车站会同铁路公安派出所、发生单位、旅客、第三人等共同进行现场处理。

（4）在铁路安全监督管理办公室（客运专业管理部门）组织调查过程中，相关单位或人员应当按要求及时提供相关证据资料。

旅客人身伤害及携带品损失可能涉及设施、设备、列车运行等原因的，应当通知有关管理单位。被通知单位接到通知后，应当按要求在5日内提交有关证据材料。

（5）在旅客人身伤害及携带品损失调查中，涉及旅客或第三人责任，且旅客、第三人或其代理人没有异议的，应当在有关调查报告中载明，并经其签字确认后，作为善后处理的依据；旅客、第三人或其代理人不予认可的，告知其可协商解决或通过司法途径处理。

（6）铁路安全监督管理办公室（客运专业管理部门）在调查中，对涉及铁路运输企业责任的，应按发生原因、铁路运输企业及其各部门职责等确定责任单位；两个以上单位都负有责任时，可以列两个以上单位的责任。

（7）铁路运输企业责任中客运部门责任分为车站责任和列车责任。

① 遇下列情形之一的，车站应当承担相关责任。

- 旅客持票进站或下车后在出站前，因车站组织不当造成人身伤害的。
- 车站引导标志缺失或不准确，误导旅客造成其人身伤害的。
- 车站设施设备不良造成旅客人身伤害的。
- 车站在停止检票后继续检票放行或检票放行时间不足，致使旅客抢上列车造成人身伤害的。
- 车站组织不力导致旅客上车时造成人身伤害的。
- 因车站客运工作人员违章、过失造成旅客人身伤害的。
- 有理由认为属于车站责任的。

② 遇下列情形之一的，列车应当承担相关责任。

- 车门漏锁致旅客坠车造成人身伤害的。
- 列车工作人员过错导致旅客误下车、背门下车、在不办理乘降的车站（包括区间停车）下车、列车运行中开启车门造成人身伤害的。
- 列车组织不当或列车工作人员违反作业标准，导致旅客乘降时造成人身伤害的。
- 列车客运工作人员对设备管理不善造成旅客人身伤害的。
- 列车客运工作人员违章操作、过失造成旅客人身伤害的。
- 有理由认为属于列车责任的。

（8）发生原因基本确定，但由于发生单位或相关设施、设备管理部门未及时收集或妥善保管相关证据资料，导致不能确定责任主体时，发生单位或相关设施、设备管理部门应承担相应责任。

列车需将伤病旅客交站处理，调度部门因信息处置或安排停车不及时，车站因推诿或未及时联系医疗机构影响救治的，可将调度部门、车站与责任单位共同列为责任主体。

（9）对责任划分有争议时，铁路安全监督管理办公室（客运专业管理部门）应将调查报告、案卷、处理意见等有关资料报发生、处理单位共同的上级主管部门或其授权的主管部门裁决。

发现定性不准确或处理不符合规定的，上级主管部门可以责令重新审查或纠正。

（10）确定铁路运输企业责任后，铁路安全监督管理办公室（客运专业管理部门）应当及时出具“铁路旅客人身伤害事故定责通知书”，交善后处理工作组，并于10日内寄送责任单位及其上级主管部门。

（11）铁路安全监督管理办公室（客运专业管理部门）工作人员应当符合铁路运输安全管理人员的任职条件，参加培训并经考试合格后取得相应的任职资格，持有相关执法证件，在规定的管辖范围和相应的专业分工范围内，严格按照规定程序进行调查处理工作，正确履行职责。

站段处理旅客人身伤害的工作人员应当持有铁路安全监督管理办公室工作证。

7. 外国人在华死亡后的处理

（1）外国人在华死亡后，死者家属、亲友、接待人或者聘用单位按照《关于转发〈民政部、外交部、公安部关于外国人在华死亡后处理程序有关问题的实施意见〉的通知》（公法〔2008〕25 号）的规定，向有关部门报告情况，并及时提出处置遗体的书面意见。死亡发生地殡仪馆凭死亡证明和死者家属、亲友、接待人或者聘用单位提出的书面意见并签字确认后，按照我国殡葬管理规定，实施遗体火化或者协助办理遗体运输出境事宜。所需费用由死者家属、亲友、接待人或者聘用单位承担。

（2）外国人在华死亡且无家属、亲友、接待人或者聘用单位的，根据死者有效身份证件，由死亡发生地公安机关向省、自治区、直辖市人民政府公安厅（局）报告，省、自治区、直辖市人民政府公安厅（局）向死者国籍国驻华使、领馆发出照会，要求其在照会发出 30 日内回复处理遗体的书面意见。回复意见不明确或者逾期未予回复的，省、自治区、直辖市人民政府公安厅（局）再次照会死者国籍国驻华使、领馆，限期回复处理遗体的书面意见，并告知其回复意见仍不明确或者逾期未予回复的，我方将由省、自治区、直辖市人民政府公安厅（局）做好档案记录后，函告死亡发生地殡仪馆火化死者遗体。遗体火化后，骨灰保管期限为 1 年。

（3）外国人在华死亡且无家属、亲友、接待人或者聘用单位的，死者有效身份证件标明的国籍国未与我国建立外交关系，但在华有领事事务代管国驻华使、领馆的，由死亡发生地省、自治区、直辖市人民政府公安厅（局）按前项规定程序照会代管国驻华使、领馆；在华没有领事事务代管国驻华使、领馆的，由死亡发生地省、自治区、直辖市人民政府公安厅（局）商同级人民政府外事部门提出处理遗体的书面意见。

（4）死者疑似外国人，既无家属、亲友、接待人或者聘用单位，又无任何有效身份证件的，死亡发生地公安机关应当及时核查并将结果报省、自治区、直辖市人民政府公安厅（局），由省、自治区、直辖市人民政府公安厅（局）商同级人民政府外事部门提出处理遗体的书面意见。

（5）外国人在华死亡后，死者家属、亲友、接待人或者聘用单位要求将死者遗体在华土葬的，一般可以我国实施殡葬改革、提倡火葬为由，予以婉拒。对于死者生前做出重要贡献或者特殊原因，需要在华处置骨灰或者土葬遗体的，由省、自治区、直辖市人民政府殡葬事务主管部门商同级人民政府外事部门决定。

（6）对于生前患有甲类传染病，或者乙类传染病中传染性非典型肺炎、炭疽中的肺炭疽和人感染高致病性禽流感的遗体，死者家属、亲友、接待人或者聘用单位应当配合医疗卫生机构，做好遗体消毒处理后，立即送往死亡发生地殡仪馆火化。所需费用由死者家属、亲友、接待人或者聘用单位承担。

铁路旅客人身伤害及携带品损失最终处理协议书如图 2-1 所示。

铁路旅客人身伤害及携带品损失最终处理协议书

NO. ________

一、旅客基本情况：

姓名：________ 身份证件号码：________________

性别：______ 年龄：______ 职业：______ 电话：________________

住址：________________________

二、车票情况：

号码：________________ 日期：________________

车次：________ 发站：________ 到站：________ 席位：________

三、发生情况：

日期、时间、车次：________________________

地点、车站、区间：________________________

四、旅客人身伤害及携带品损失发生经过、救治及善后处理简要情况：

____

____

____

____

____

____

____

____

____

____

____

图 2-1 铁路旅客人身伤害及携带品损失最终处理协议书

五、处理意见：

____

____

____

____

____

六、协议人签字：

旅客签字：____________　　　　处理单位（章）

代理人签字：____________

身份证号码：____________

联系电话：____________

日期：______年____月____日　　　　______年____月____日

第三人签字：____________

代理人签字：____________

身份证号码：____________

联系电话：____________

日期：______年____月____日

发生（责任）单位代理人签字：____________

职务：____________

联系电话：____________

日期：______年____月____日

注：本协议由处理单位填写，一式五份：一份报铁路局主管部门，一份转铁路局财务部门，处理单位、责任（发生）单位、旅客或家属各一份。

图 2-1　铁路旅客人身伤害及携带品损失最终处理协议书（续）

铁路旅客人身伤害及携带品损失赔付通知书如图 2-2 所示。

铁路旅客人身伤害及携带品损失赔付通知书

NO. ________

__________旅客：

对________年______月______日所发生旅客人身伤害（携带品损失），依据有关法律规定，经当事各方共同协商同意，赔付旅客共计人民币______元（大写________）。请您携带本通知和本人有效身份证件，于 30 日内到我站领取。如由继承人、代理人领取，请携带领取人有效身份证件及与旅客身份关系证明或授权委托书（以上证件或证明均需原件）。

特此通知。

处理单位（章）

________年______月______日

联系人：______ 电话：__________ 单位地址：________________

图 2-2 铁路旅客人身伤害及携带品损失赔付通知书

铁路旅客人身伤害统计表（样式）如图 2-3 所示。

铁路旅客人身伤害统计表（样式）

××铁路局旅客人身伤害统计表

伤害种类 人数 责任	死亡	重伤	轻伤	主要原因 人数 责任	挤伤	摔伤	砸伤	烧烫伤	跳车	石击列车	疾病	其他
铁路企业												
旅客自身												
第三人责任												
不可抗力												
其他												
人数合计												

图 2-3　铁路旅客人身伤害统计表（样式）

安全情况报告（格式）如图 2-4 所示。

安全情况报告（格式）

旅客×××，性别，年龄，籍贯。××××年××月××日持××次××站～××站车票，列车运行至××线××～××间（或在××站），××原因，在××处死亡（或重伤）。

图 2-4　安全情况报告（格式）

铁路旅客人身伤害及携带品损失定责通知书如图 2-5 所示。

铁路旅客人身伤害及携带品损失定责通知书

NO. ________

________铁路局：

________站（段）：

关于______年______月______日发生________________________

________________旅客人身伤害（携带品损失），经调查处理工作组研究，列____

________站（段）____________责任。

特此通知。

××安全监管办公室（公章）

______年______月______日

注：本通知一式四份，一份交善后处理工作组，一份处理站（段）留存，寄送责任单位及其上级主管部门各一份。

图 2-5 铁路旅客人身伤害及携带品损失定责通知书

2.2.2　旅客列车防止发生旅客人身伤害事故的具体措施

（1）列车始发前，列车长必须组织进行“三乘联检”，对检查发现的设备问题，做到多方确认，及时整修。对本趟无法解决的设备问题，列车长必须有预想，有防范措施。

（2）旅客登乘时，对“老、幼、病、残、孕”等重点旅客进行重点帮扶，重点提示。

（3）认真执行车门管理制度，“停开、动关锁、出站四门瞭望”，确保车门安全。

（4）车内安全、警示标识齐全，电茶炉必须有“小心烫伤”、厕所、车厢端门有“小心挤伤”等警示字样。

（5）在为旅客倒水时，执行接杯倒水制度。严禁隔人递水。

（6）列车启动后要及时整理行李架，做到牢固码放。

（7）对行李架摆放的尖锐物品要劝阻旅客放在座椅或铺位下。

（8）列车售货车必须安装防撞胶条和防溜设施。

（9）及时清理列车通过台、连接处、乘降梯等部位的积雪、积冰和其他杂物。

（10）提示上、中铺旅客注意上下铺时的安全。

（11）列车到站前，要做到“双边通告”，疏导下车旅客及时到车门处等待下车。

（12）疏导旅客顺序上下车，避免旅客挤、摔伤。

（13）列车广播要有安全乘车宣传的内容。

（14）对重点旅客进行安全提示，重点帮扶。

（15）对站台间隙大于 300 mm 的车门，列车长要组织列车员、乘警、餐服员、保洁员值守车门，提示旅客注意车门缝隙。

【实训】

高速铁路旅客运输作业及人身安全实训

【实训目标】

（1）能够掌握高速铁路旅客运输作业安全的规定。

（2）能够掌握高速铁路旅客运输人身安全的规定。

（3）培养自主学习能力。

【实训内容与要求】

第一步：由教师介绍实训的目的、方式、要求，调动学生实训的积极性。

第二步：对学生进行分组，确定各小组的组长和人员分工、学习方式，制订小组学习计划，了解团队要做什么，要达到什么目的。

第三步：由教师介绍高速铁路旅客运输作业安全及人身安全的知识及讨论的话题。

第四步：各小组对教师布置的问题进行讨论，并记录小组成员的发言。

第五步：根据小组讨论记录撰写讨论小结。

第六步：各小组相互评议，教师点评、总结。

【实训成果与检测】

成果要求：

（1）提交案例讨论记录。3~5名学生一组，设小组长1人、记录员1人，每组必须提交详细的讨论记录，以作为考核成绩的依据。

（2）能够在规定的时间内完成相关的讨论，撰写文字小结。

评价标准：

（1）上课时积极与老师配合，积极思考、发言。

（2）认真阅读案例，积极参加小组讨论，分析问题思路较宽。案例分析基本完整，能结合所学理论知识解答问题。

项目 3

高速铁路防火安全及电器安全

【知识目标】

- 了解列车防火安全相关知识及规定；
- 掌握集中供电列车安全卡控措施；
- 了解使用电茶炉的相关规定。

【技能目标】

- 能够根据车站防火安全相关知识及规定来完成相关工作；
- 能够熟练使用灭火器；
- 能够掌握电器设备安全规定。

【学习重点及难点】

- 学习重点：列车防火安全相关知识及规定、集中供电列车安全卡控措施、电茶炉的相关规定；
- 学习难点：车站防火安全相关知识及规定、灭火器相关知识、其他电器设备安全规定。

【本章知识结构图】

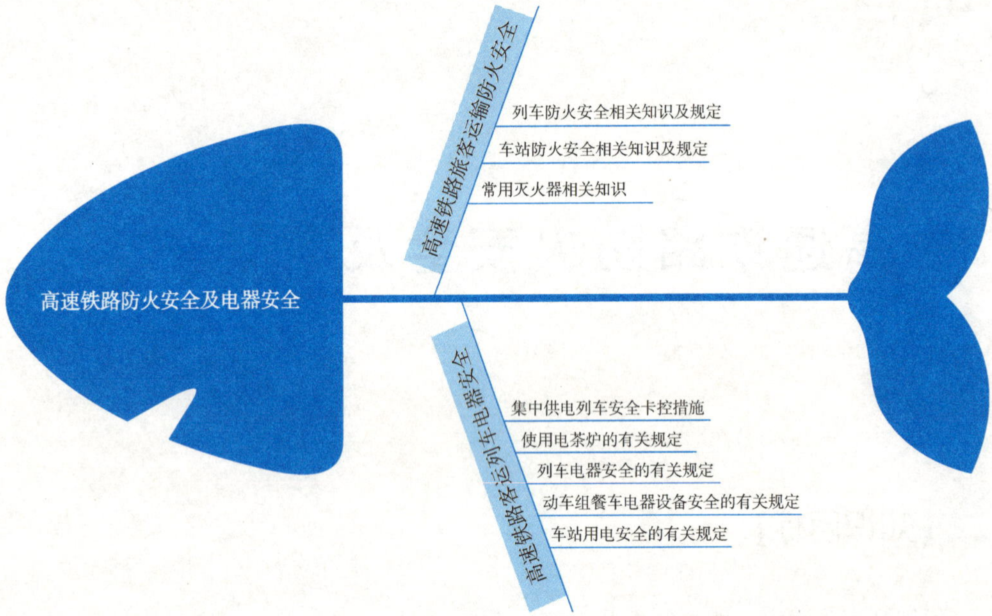

3.1 高速铁路旅客运输防火安全

3.1.1 列车防火安全相关知识及规定

(1) 严格执行“三乘联检”制度。列车始发前，由列车长组织乘警长、车辆乘务长，对列车火源、电源和消防器材进行全面检查；运行中重点检查；终到后彻底检查。检查结果由检查人员分别签字确认，严禁代签、漏签。

(2) 高速铁路列车全列禁止吸烟，车厢内应有“禁止吸烟”的明显标志，乘务员要对吸烟的旅客进行劝阻。车站允许吸烟处，应有“吸烟处”的明显标志，并必须保持烟缸设备齐全，教育旅客不要乱扔烟蒂。（目前公共场所全面禁烟，列车应全面张贴禁止吸烟标志，发现吸烟旅客要及时劝阻）。

(3) 火灾是在时间上和空间上失去控制的燃烧所造成的灾害。

容易造成列车火灾的原因主要有以下几个方面。

① 旅客携带或在行李中夹带易燃、易爆及其他危险品上车。

② 旅客和乘务人员吸烟，乱扔烟头引起火灾。

③ 车体电器设备线路短路、过载等引起火灾。

④ 客车附属设施不良、餐车人员操作失误引起火灾。

⑤ 违章操作电茶炉，缺水，超温，干烧等造成火灾。

⑥ 餐车油垢清除不彻底引起火灾。

(4) 消防工作需掌握“三懂三会”：懂本岗位的火灾危险性，懂预防火灾的措施，懂灭火方法；会报警，会使用消防器材，会扑救初起火灾。

(5) 用水不能灭以下的火灾。

① 汽油、煤油等易燃液体着火不能用水灭，因为这些物质比重比水轻，又不溶于水。

② 发生电器火灾不能用水灭，因为水有导电性，用水灭火会触电伤人。

③ 遇水燃烧的物质（如金属钾、纳和电石）发生火灾时不能用水灭。因为这些物质遇水分解会产生可燃气体，加剧燃烧。

④ 精密仪器、贵重文件起火不能用水灭，因为水会损坏这些物品。

(6) 乘务员对消防器材、紧急制动阀等设施和设备，要做到知位置、知性能、会使用。旅客列车每节车厢应配置 4 个 2 千克干粉灭火器，在客车车厢一、二位端各安装两个。餐车配置不少于 6 个 4 千克以上干粉灭火器。灭火器应每年进行一次检修，检查、维修标记应符合有关规定。灭火器上须喷涂检修到期年月和配属单位简称，以及检修消防厂家的检验标志，有防坠落措施。

(7) 客车乘务人员在列车上的“六不准”。

① 不准使用自备的电源器具。

② 不准使用蜡烛、蚊香、酒精灯。

③ 不准燃放烟花爆竹。

④ 不准用水冲刷地板。

⑤ 不准乱拉临时电线，乱接电器装置。

⑥ 不准在检查孔、配电柜等处放置杂物。

(8) 防止火灾发生的基本措施有：控制可燃物，隔绝空气，消除着火源。灭火的基本方法有四种：隔离法、窒息法、冷却法、抑制法。

(9) 未经国铁集团主管部门和公安消防机关同意，严禁擅自在列车上增设、使用各种电器。

(10) “三品”是指容易引起爆炸、燃烧、腐蚀、毒害的物品，有放射性的物品，以及枪支、管制刀具等可能危害公共安全的物品。

(11) 列车上常见的“三品”有：汽油、煤油、松香水、鞭炮、拉炮、发令纸、雷管、炸药、导火索等。

管制刀具：匕首、三棱刀（包括机械加工用的三棱刮刀）、带有自锁装置的弹簧刀（跳刀），以及其他类似的单刃、双刃、三棱尖刀。

(12) 列车在运行中，旅客携带的物品突然发生起火应做如下处理：在火势没有蔓延的情况下，可先用车厢内的水往起火物上浇，直至将火彻底扑灭，同时应注意以下两点。

① 能不动用灭火器时应尽量不用，防止造成惊慌。

② 不得将起火物抛出车窗外，防止车外风大，又将起火物吹回车内导致火势扩大。

（13）《旅客列车防火台账》要全面反映乘务组开展防火工作的基本情况，具体包括以下资料。

① 上级有关消防工作的文件（复印件或摘抄件）。

② 列车编组图及乘务人员概况。

③ 列车防火组织。

④ 扑救火灾事故应急方案。

⑤ 防火安全会议和活动记录。

⑥ 乘务人员消防安全培训记录。

⑦ 乘务人员上岗证登记。

⑧ 餐车炉灶清扫记录。

⑨ 三乘联检记录（始发全面检查火源、电源、消防器材，途中重点检查，终到彻底检查）。

⑩ 消防器材登记。

3.1.2 车站防火安全相关知识及规定

（1）旅客车站集散厅、售票厅和候车室区域内严禁开设公共娱乐场所，站房其他区域开设公共娱乐场所应设置独立的防火分区。站房内设置的餐饮、售货等营业性场所，应符合消防安全规定。

（2）车站仓库应严格落实消防管理规定，并加强监督检查。站台临时堆放物品，不得堵塞消防通道，不得埋压、圈占、遮挡消防设施。

（3）车站应严格落实易燃、易爆危险物品查堵措施。车站配置的安检仪，应保证状态良好，运转正常。

（4）车站应向旅客宣传铁路站车防火、防爆的规定。严禁携带易燃、易爆危险物品进站上车，严禁在候车室等禁烟场所吸烟，不得在通道处堆放行李物品，不得擅自动用消防设施、器材。

（5）候车室、集散厅、售票厅、旅客通道内应设置应急照明灯和疏散指示标志，疏散通道应保持畅通。

3.1.3 常用灭火器相关知识

铁路职工在对火源、火种予以高度重视的基础上，还必须掌握灭火器材的使用方法，在消防灭火方面真正做到“三懂三会”。目前，铁路站段配备的灭火器材主要有三种，分别为手提式水雾灭火器、二氧化碳灭火器和干粉灭火器。

1. 手提式水雾灭火器

1）性能

手提式水雾灭火器具备灭火效率高、喷射距离远，环保无毒、无污染，抗复燃性强，使用周期长，绝缘性好，抗接触网高压电等优越性能。

2）适用范围

手提式水雾灭火器适用于扑救固体材料火、可燃液体火、可燃气体火、一般电器设备火。

3）使用方法

站在火源的上风头，将手提式水雾灭火器提至距离火源 2m 左右，先拔掉保险销，一手握紧喷嘴对准火焰的根部，另一手按下压把，有水雾喷射即可。

手提式水雾灭火器如图 3-1 所示。

图 3-1　手提式水雾灭火器

2. 二氧化碳灭火器

1）性能

二氧化碳是碳和氧的化合物，是一种无色无味的惰性气体，比空气重，可占据燃烧区的底部，能够稀释空气，减少含氧量，降低燃烧强度。当二氧化碳达到一定浓度时，燃烧就会停止并有一定的隔绝作用，其温度可下降到-78. 5 ℃，灭火时有冷却窒息作用。

2）适用范围

二氧化碳灭火器适用于扑救带电（10 kV 以下）电器设备、精密仪器、贵重的生产设备、图书档案和一些不能用水扑救的物质的火灾。

3）使用方法

将二氧化碳灭火器提至灭火点，先拔去保险销，紧握喷射器喇叭口，对准火源根部按下压把，二氧化碳即可喷出。

二氧化碳灭火器如图 3-2 所示。

3. 干粉灭火器

1）性能

干粉灭火器的灭火剂是由磷、酸、铵、盐组成，驱动气体为氮。

图 3-2 二氧化碳灭火器

2）适用范围

干粉灭火器由于充装干粉灭火剂不同，适用场所也不同。其适用于扑救可燃固体、易燃液体、可燃气体和带电（50 kV 以下）电器设备的初起火灾。

使用客车上的干粉灭火器扑救初起火灾时，距起火物不应超过一定的距离。客车上配置的干粉灭火器一般有效喷射距离为 2~3 m，如果距离太远就达不到有效射程，起不到灭火作用。因此，使用时距起火物不应超过 2.5 m。

3）使用方法

将干粉灭火器提至灭火点，先拔去保险销，紧握喷射喇叭口，对准火源根部按下压把，干粉即可喷出。

干粉灭火器如图 3-3 所示。

图 3-3 干粉灭火器

3.2　高速铁路客运列车电器安全

3.2.1　集中供电列车安全卡控措施

（1）不准用水冲刷风挡连接处，不准用湿抹布擦抹电器设施。

（2）加强车内巡视和有关安全的宣传，经常保持暖气设备的清洁卫生，发现异常及时通知随车机械师处理。

（3）配电室内禁止存放各类物品。

（4）乘务员在对上述设备进行巡视的过程中，一旦发现问题应及时向列车长汇报，并通知随车机械师采取措施及时处理。

3.2.2　使用电茶炉的有关规定

电茶炉的使用、管理由客运部门负责。客运人员必须参加培训并经考试合格后方可持证操作电茶炉。电茶炉操作应严格按照“客车电茶炉饮水装置操作规程”执行。应保持电茶炉装置的清洁，电茶炉装置内、配电盘和控制箱等电气装置上下不得堆放杂物。电茶炉出现故障时，应立即切断电源，通知车辆乘务员处理，严禁无关人员拆动。对野蛮使用及故意损坏电茶炉的行为应及时予以制止。列车电茶炉如图 3-4 所示。

图 3-4　列车电茶炉

1. 列车电茶炉饮水装置操作规程

（1）操作电茶炉前，必须检查车厢水箱是否有水，电茶炉水位表必须显示满水状态。确认各阀位置正确，补水管路畅通，若一切正常，方准开启电源。工作 15~20 min 后打开水嘴即有热水流出。

（2）电茶炉停用 6 h 以上再使用时，应排除储水箱内的存水（打开放水嘴）。

（3）在使用时，操作人员必须做到监护使用，不得远离车厢，听到报警声时要立即停机。

（4）电茶炉发生故障，应立即切断电源，通知随车机械师检查确认，不得擅自处理。

（5）列车到达终点站前 30 min，关闭电茶炉电源。到站后，操作人员离开本车厢前必须确认电茶炉开关处于关闭状态。

（6）电茶炉只准在列车运行中使用，其他时间除检修试验外严禁使用。

2. 电茶炉的管理卡控措施

使用列车电茶炉时，首先要补足冷水，然后再启动烧水开关，烧水期间要加强看管，不得远离，缺水时要及时补水，无水时要及时断电，防止着火或干烧。

当电茶炉控制箱发出报警后，应立即切断电源，首先检查水位显示管，如果显示缺水，应立即补水后再按下控制开关，使茶炉重新工作；如果水位显示管显示不缺水，说明控制箱电路故障，应立即通知随车机械师处理。

3.2.3 列车电器安全的有关规定

电器设备引起火灾的原因有：短路；过负荷；接触电阻热；电火花和电弧照明灯具、电热工具的表面热；过电压；涡流热等。

（1）列车电器设备发生冒烟时，分别按下列方法处理。

① 当配电室发生冒烟时，应立即将控制屏的电源选择开关打至零位，并通知随车机械师处理。

② 当照明装置冒烟时，应立即将照明开关打到断位，并通知随车机械师处理。

③ 保洁时，严禁用水冲刷地板，防止主线路短路起火。

④ 严禁用水冲刷通过台墙板，防止电力检查孔进水造成全列停电。

（2）客运乘务员应按操作规程操作电气设备，严禁打开各配电箱门，打扫卫生时擦抹电气设备时应小心，防止触电事故发生。

3.2.4 动车组餐车电器设备安全的有关规定

（1）电气化厨房设备的安全操作，直接影响到人身安全、设备的可靠性及使用寿命。因此设备操作人员必须经过操作培训，并经考试合格后才能进行上岗操作。

（2）运用中随车机械师应对电气化厨房设备进行定期巡视，发现使用人员未按安全操作规定使用设备时，应及时予以制止和纠正。

（3）餐车电气化厨房设备在使用操作前，应检查电源控制柜技术状态，检查各设备开关是否在正常位，确认指示灯显示正常后，方准操作使用。

（4）运用中和列车入库停留，在无人操作电器设备时，应及时将各设备开关放置在关闭或零挡位，切断电源柜总电源，锁闭电源柜，做到人走断电，防止发生意外。

（5）电气化厨房设备必须在明显位置粘贴操作说明和安全操作规程展示板。

（6）动车组列车餐车内使用的电器，不能超过列车规定的额定功率。不得擅自增大用电设备的功率。

3.2.5　车站用电安全的有关规定

（1）雷雨天，不得进入高压电杆、铁塔、避雷针的接地线周围；遇380伏特高压线断落时，周围禁止人员进入，并应派人员看守，及时通知电工处理。

（2）当电器出现异常情况时，应先切断电源，再做处理。严禁赤手切断电源开关；用电器的外壳、手柄开关、机械防护存在破损、失灵等有碍安全的情况时，应及时修理，未经修复不准使用。

（3）电器起火时，要先断开电源开关，不准在带电情况下用水灭火。

（4）新购置和长时间停用的电器设备，使用前必须测试其绝缘性能。

（5）旅客车站的电器设备线路必须符合国家有关安全技术标准，并由持有特种证件的专业人员负责安装、维修。严禁违章使用电器，严禁超负荷用电，严禁擅自拉接临时用电线路。

【实训】

高速铁路防火安全及电器安全实训

【实训目标】

（1）能够掌握高速铁路客运防火安全规定。

（2）能够掌握高速铁路客运列车电器安全规定。

（3）培养自主学习能力。

【实训内容与要求】

第一步：由教师介绍实训的目的、方式、要求，调动学生实训的积极性。

第二步：对学生进行分组，确定各小组的组长和人员分工、学习方式，制订小组学习计划，了解团队要做什么，要达到什么目的。

第三步：由教师介绍高速铁路防火安全及电器安全知识及讨论的话题。

第四步：各小组对教师布置的问题进行讨论，并记录小组成员的发言。

第五步：根据小组讨论记录撰写讨论小结。

第六步：各小组相互评议，教师点评、总结。

【实训成果与检测】

成果要求：

（1）提交案例讨论记录。3~5名学生一组，设小组长1人、记录员1人，每组必须提交详细的讨论记录，以作为考核成绩的依据。

（2）能够在规定的时间内完成相关的讨论，撰写文字小结。

评价标准：

（1）上课时积极与老师配合，积极思考、发言。

（2）认真阅读案例，积极参加小组讨论，分析问题思路较宽。案例分析基本完整，能结合所学理论知识解答问题。

项目 4

高速铁路防恐防暴处理

【知识目标】

- 了解恐怖主义的概念。
- 掌握高速铁路防恐防暴工作的要求。

【技能目标】

- 能够熟练操作防恐防暴设施、设备。
- 能够掌握个人防恐防暴技能。

【学习重点及难点】

- 学习重点：恐怖主义，防恐防暴设施、设备操作。
- 学习难点：个人防恐防暴技能。

【本章知识结构图】

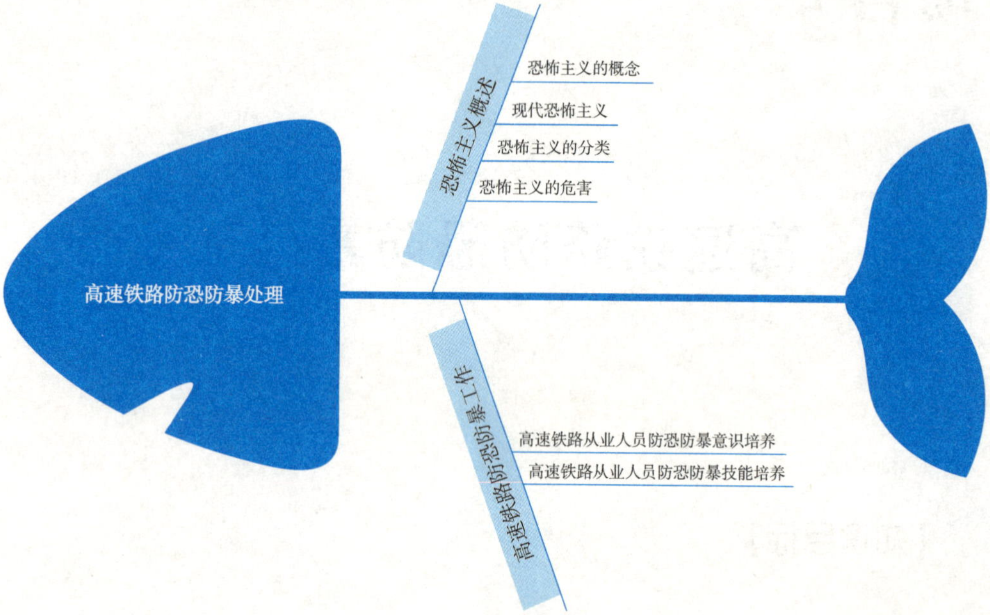

4.1 恐怖主义概述

4.1.1 恐怖主义的概念

何谓恐怖主义，人们通常认为，它不是指一般孤立的偶然犯罪，而是指一种有组织、有制度、有目的又不同于战争的暴力活动。以下介绍几种恐怖主义的定义。

（1）恐怖主义是指经过预谋的、有政治目的的、针对非军事目标的、由非国家的集团或秘密组织进行的暴力活动，其目的通常是影响大众。

（2）为实现政治、宗教或意识形态的目的，对个人或财物非法使用或威胁使用武装力量或暴力，以强制或胁迫政府及社会。

（3）基于人道主义及和平主义的立场，一种对恐怖主义的通用、简单的解释是“恐怖主义是旨在制造恐惧或者惊慌气氛的暴力或暴力威胁”。

（4）恐怖分子对人身或财产使用暴力或以暴力相威胁，以引起人们的心理恐惧，或者胁迫第三方（包括国家、组织或个人）为或者不为某种行为，以实现行为人预期目的的行为。

综上所述，恐怖主义是指在战争之外，个人或团体出于某种目的而采取的暴力行为，亦称“国际恐怖主义”。

4.1.2　现代恐怖主义

现代恐怖主义也称新恐怖主义，起源于 20 世纪 70 年代，是全球化时代一些极端组织或个人，为实现其政治和社会目的，甚至是宣泄对某些社会现实的不满，采取制造全球性或区域性恐怖效应的标志性手段，动员一切可利用的恐怖活动资源以求一搏的极端性行为。其恐怖活动对经济发展、社会安定、人民生活均构成巨大威胁。现代恐怖主义最为明显的特征是恐怖活动已“超越政治信仰、民族感情、宗教信仰，发展到极端虚无主义愤恨情绪、复仇主义和追求轰动效应的阶段”。

各种恐怖主义活动每年要发生数百起，对人类生命财产安全日益构成严重的威胁。在当前严峻的反恐形势前，我国也不同程度地受到了境内外敌对势力、民族分裂势力、宗教极端势力、暴力恐怖势力和邪教组织等恐怖主义、准恐怖主义势力的侵害和威胁。

4.1.3　恐怖主义的分类

探讨恐怖主义的分类，有助于我们对恐怖主义含义的理解。根据不同的标准，我国学者对恐怖主义做了不同类型的划分。

（1）从涉及的国家利益来划分，恐怖主义一般可以分为国内恐怖主义和国际恐怖主义。国内恐怖主义是指不涉及其他国家的利益和公民，由本国公民实施的发生在一国内部的恐怖活动。而国际恐怖主义是指恐怖活动涉及两个以上国家的人民和领土。

（2）从犯罪的形成原因和追求的目标来看，恐怖主义可以分为极左型、极右型、民族型、宗教型、邪教型和黑社会型等。

（3）从恐怖组织间的结合度看，恐怖主义可分为独立型和网络型。

（4）根据行为方式的不同，恐怖主义可分为传统型恐怖主义与新型恐怖主义。

另外，根据发生的时间，可以分为平时恐怖主义和战时恐怖主义。平时恐怖主义发生在平时，而战时恐怖主义则发生在战争或武装冲突的情况下。

4.1.4　恐怖主义的危害

恐怖主义可能造成重大的人员伤亡和财产损失，从而在国际社会造成恐怖状况，扰乱人们正常的活动，以及不同国籍公民之间、组织之间、国家之间正常的国际交往。正因为如此，国际恐怖主义在政治上威胁国际社会的安全稳定，阻碍地区冲突的和平进展，引发外交或军事争端，激发军事对抗，制造民族分裂，扩大民族矛盾；经济上，通过直接攻击经济目标造成重大经济损失，破坏正常经济秩序造成经济混乱；军事上，成为现代武装冲突的诱因，对世界具有极大的危险性。一般来说，政治恐怖主义是国际恐怖主义的主要特征，表现为宗教极端主义、民族分裂主义、政治行动主义等。但从近年来的国际恐怖活动看，国际恐怖主义大有超越政治目标和政治信仰的趋向，因此其影响和危害远胜于国内恐怖主义。国际恐怖主义是一种大范围、跨国的反人类活动。恐怖主义的可怕在于心理威胁大于实质伤害，间接损失大于直接损失。

4.2 高速铁路防恐防暴工作

4.2.1 高速铁路从业人员防恐防暴意识培养

1. 树立风险忧患意识

高速铁路安检的根本职能是保障公众安全及高速铁路安全，严防危害高速铁路安全的非法行为的发生，严厉惩罚和打击犯罪行为，其责任重，要求高。进入21世纪，国内外针对公共场所的犯罪活动频发：2014年3月1日，昆明火车站发生暴力恐怖案；2013年6月7日，厦门公交发生纵火案；2011年4月11日，白俄罗斯明斯克“十月”地铁站发生恐怖爆炸事件；2010年3月29日早晨，莫斯科市中心的两座地铁站接连发生爆炸事件；2009年6月5日，成都公交发生纵火案；2005年7月7日，伦敦地铁发生连环爆炸事件；2003年2月18日，韩国大邱地铁发生人为纵火灾难；2011年，美国发生的“9·11”事件，对民众造成的心理影响持续至今。这些恐怖破坏活动，危害极大，伤亡惨重，影响极坏，受到世界舆论的强烈谴责，众多国家相继采取严密的防范措施。恐怖袭击和极端暴力犯罪对公共场所的威胁越来越大，每一位高速铁路从业人员必须牢固树立安全忧患意识，坚决克服松懈、事不关己等心理障碍，保持高度警惕的精神状态，将各种不安全的隐患及时消灭在萌芽状态。

2017年俄罗斯圣彼得堡地铁暴恐事件现场如图4-1所示。

图4-1 2017年俄罗斯圣彼得堡地铁暴恐事件现场

2. 强化安全责任意识

高速铁路从业人员要从认识上、情感上、信念上，以及习惯上养成忠于职业的自觉性，坚决谴责任何不负责任的态度和行为，对无视职业责任造成严重损失的，将受到法律制裁。高速铁路工作的每一个岗位，都与公众的生命、财产安全紧密相连，公共安全无小事，差之毫厘，谬以千里。安全责任重于泰山，我们必须时刻保持清醒的头脑，正确分析安全形势，明确肩负的安全责任，做到人在岗位，心系安全，坚持安全检查的严格标准不松懈，操作安全检查设备一步不少，履行岗位职责一寸不退，确保安全工作万无一失，让社会公众放心。

3. 确立敬业奉献意识

高速铁路职业的特点，要求我们必须把确保高速铁路安全、公众人身和财产安全放在首位，要求高速铁路从业人员有强烈的事业心，高度的责任感和精湛的专业技能，具有严格的组织纪律观念和高效率的工作作风，具有良好的思想修养和服务态度。从高速铁路各岗位所处的特殊环境看，高速铁路从业人员要确立敬业奉献意识，必须正确对待三个考验。一是严峻的反恐防暴形势考验。要消除各种安全隐患，做好高速铁路安全的第一道防护工作。二是任务繁重、岗位要求严格。高速铁路从业人员长年累月地艰苦奋战在一线，起早贪黑，连续作战。三是个人利益得失的考验。在繁重的高速铁路岗位上，个人家庭生活、身体状况会受到不同程度的影响，经济收入也不是非常高，紧张、艰苦的工作环境也容易引起思想波动。为了社会的整体利益，为了公众安全的万无一失，每个高速铁路从业人员要在其位尽其责，经受考验，视公众安全为自己的生命，热爱高速铁路岗位，乐于无私奉献，立足高速铁路岗位建功立业。

1）爱岗敬业，忠于职守

“爱岗敬业，忠于职守”就是热爱本职工作，忠实地履行职业责任，这要求高速铁路从业人员对本职工作恪尽职守，诚实劳动，在任何时候、任何情况下都能坚守岗位。

“爱岗敬业，忠于职守”是高速铁路从业人员最基本的职业道德，它的基本要求如下：一是要忠实履行岗位职责，认真做好本职工作，高速铁路从业人员要以忠诚于国家和人民为己任，认真履行自己的职业责任和职业义务。二是要以主人翁的态度对待本职工作，树立事业心和责任感。牢记“秉持真诚，服务大众”的服务宗旨，做好本职工作，规范查堵违禁品作业，严格检查可疑人员，一言一行向公众负责，为高速铁路安全保驾护航。三是树立以苦为乐的幸福感，正确对待个人的物质利益和劳动报酬等问题。

2）钻研业务，提高技能

职业技能是我们在职业活动中实现职业责任的能力和手段。它包括实际操作能力、处理业务能力、技术能力，以及相关的理论知识等。

掌握职业技能，是完成工作任务，为公众服务的基本手段，这不仅关系到个人能力大小，知识水平高低，也直接关系到高速铁路安全工作质量和服务质量，关系到公众的生命和财产安全。高速铁路工作要求高，难度大，需要高速铁路从业人员具备强烈的责任心，并具备灵敏的辨识能力。从安全检查的对象来看，受检者携带的行李物品各种各样，有的是一般生活用品，有的则可能是管制刀具、炸药、易燃易爆物品等违禁品。如何无误地从各种各样的物品中检查出违禁物品，仅靠责任心是不够的，还需要有较强的违禁品辨识能力等业务技能。提高高速铁路从业人员安全检查业务技能，已成为一项迫在眉睫的关键任务。

3）遵纪守法，严格检查

遵纪守法是指每个高速铁路从业人员都要遵守职业活动涉及的相关法律法规。严格检查是高速铁路从业人员的基本职责和行为准则。“遵纪守法，严格检查”的基本要求包括以下几点。一是要求高速铁路从业人员在防恐防暴过程中，必须做到依法检查和按照规定的程序进行检查。相关法律法规，为高速铁路防恐防暴工作提供了法律依据，也是高速铁路防恐防暴工作步入法制化的契机。高速铁路从业人员要克服盲目性和随意性的不良习惯，强化法律意识，吃透法律精神，严格依法实施安全检查。二是在实施防恐防暴的过程中，高速铁路安检人员要做到一丝不苟，全神贯注，严把物品检查、人身检查、开包检查等各道关口，各个岗位之间要协调配合，将所有违禁品、嫌疑人员摸排出来。

4.2.2 高速铁路从业人员防恐防暴技能培养

1. 掌握防恐防暴设备使用技能

1）灭火毯

灭火毯是由玻璃纤维等材料经过特殊处理编织而成的织物，其能起到隔离热源及火焰的作用，可用于扑灭火或者披覆在身上逃生。在无破损的情况下可重复使用，其与水基型、干粉型灭火器相比较，具有以下优点。

（1）没有失效期。

（2）使用后不会产生二次污染。

（3）绝缘、耐高温。

（4）便于携带，配置简单，能够快速使用，无破损时能够重复使用。

在起火初期，将灭火毯直接覆盖住火源，火源可在短时间内扑灭。在发生火灾时，将灭火毯披盖在自己身体或包裹住被救对象的身体，迅速逃离火场，为自救或安全疏散人群提供了很好的帮助。

灭火毯如图 4-2 所示。

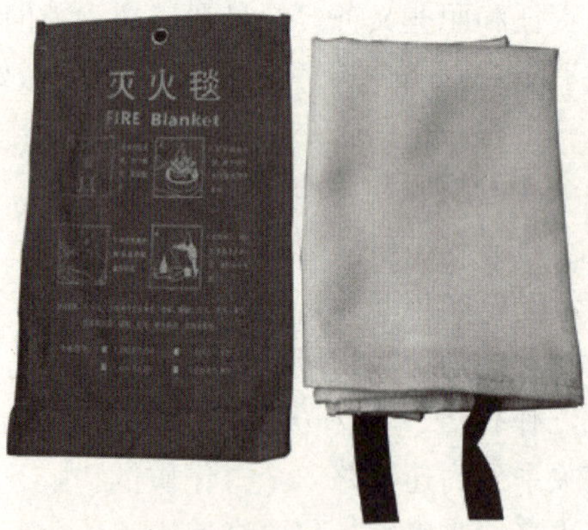

图 4-2 灭火毯

2）警用器械

高速铁路车站、列车是维稳防暴、反恐处突的重点部位，目前许多高速铁路车站、列车配备了防爆罐、防暴叉、橡胶警棍、防暴盾牌、灭火毯等警用器材，以构建高速铁路车站、列车的“阻、防、攻、制”安全体系。

（1）防爆罐。

防爆罐是一种可防范及减弱爆炸物品爆炸时对周边人员造成损伤的器材。其按形状可分为桶形与球形两种，它们也分别称为防爆桶和防爆球。

① 防爆桶。

防爆桶是一种用于盛放爆炸装置的器材，其可以弱化爆炸装置的爆炸威力达到保护人员和财物的目的。防爆桶在室内使用时，要求空间高度在6 m以上。防爆桶由三重结构、四种抗爆材料组合而成，其外包不锈钢，上有抗爆盖。三重结构为：外罐、花罐、填充层（使用年限为五年，到期必须更换）；四种抗爆材料为：特种抗爆材料、抗老化材料、耐火抗爆胶、特制蓬松层。防爆桶组件为：防爆盖一件、罐一件、牵引钩绳一根。防爆桶如图 4-3所示。

图 4-3　防爆桶

②防爆球。

防爆球的球体下方安装有四个脚轮，可在平坦的地面推移，特别适合安放在人群积聚的高速铁路车站等公共场所，用以临时储存爆炸物品。防爆球是密封式的容器，经过大量的试验证明，其具有极强的抗爆能力，爆炸物品即使在罐内爆炸，所产生的冲击波和碎片被阻隔在球内，对周围的人员和环境会起到很好的保护作用。防爆球如图 4-4所示。

（2）防暴叉。

防暴叉包括弧形叉、叉杆、齿轮杆三大组件。防暴叉使用效果好，容易控制目标，便于携带，对安保人员还有安全防护功能。防暴叉如图 4-5 所示。通常用右手握防暴叉的握把，左手握防暴叉的中段，双手合力向前叉击对象的胸腹部。

图 4-4　防爆球

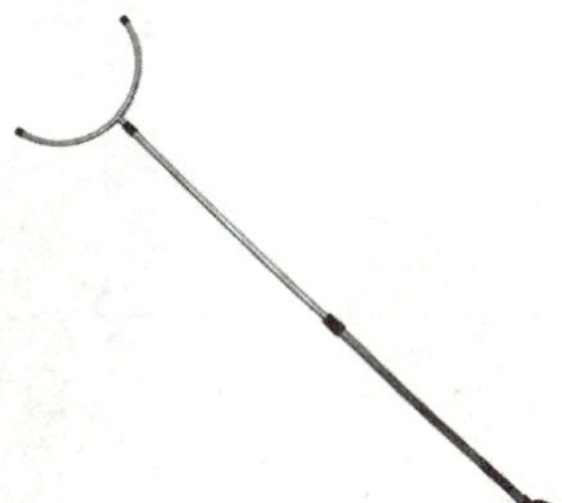

图 4-5　防暴叉

（3）警棍。

警棍的头部是空心的，其手把中有一钢芯，钢芯前部橡胶内埋设了一根钢丝弹簧。警棍在攻击时韧性和回弹性好，使用自如，且由于其头部为空心的，使用时不会导致伤残，是一种安全、有效的自卫防身和攻击警械，但因橡胶材质钝性偏大，力量集中，易造成内脏损伤。如图 4-6 所示，警棍分为短警棍和长警棍。短警棍主要用于对近距离的对象实施打击，如图 4-7 所示，通常用右手抓握短警棍的握把。长警棍可用于对较远距离的对象实施打击，如图 4-8 所示，通常用左手握住长警棍的中段，用右手抓握长警棍的末端，双手合力击打对象。一般情况下，不用警棍击打对象的颈部及颈部以上部位。

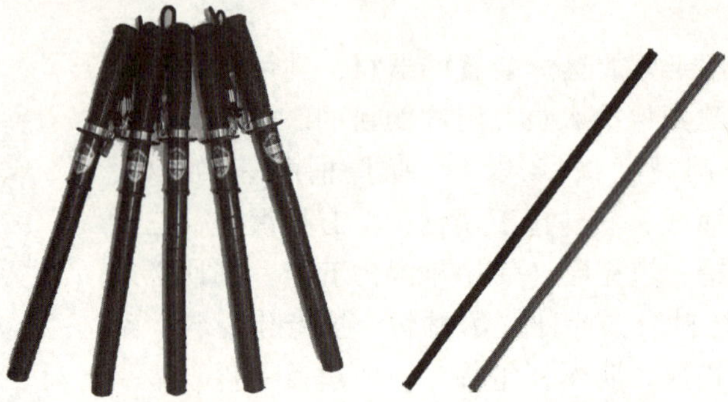

(a) 短警棍　　(b) 长警棍

图 4-6 警棍

图 4-7 短警棍的使用

图 4-8 长警棍的使用

（4）防暴盾牌。

防暴盾牌是一种类似于盾牌的防御器具，由透明聚碳酸酯 PC 材料制成。防暴盾牌用于在镇暴过程中推挤对方和保护自己，可以抵挡硬物、钝器及不明液体的袭击，也可以抵挡低速子弹，但是不能抵挡爆炸碎片和高速子弹。防暴盾牌如图 4-9 所示。通常将盾牌调节带套于左肘弯处，左手握握把，虎口紧靠握把上端，盾牌朝自己方向倾斜约 15°，防止袭击物撞击盾牌后砸伤自己。如图 4-10 所示，防暴盾牌常与短警棍配合使用。

图 4-9 防暴盾牌

图 4-10 防暴盾牌与短警棍配合使用

2. 掌握个人防恐防暴技能

通过个人防卫技能训练，体会、了解防卫的基本技术，掌握动作要领，提高自我防卫意识，提高在实战中协同配合的能力，提高工作中应对突发事件的能力。个人防卫技能训练包括防卫的基础技术训练、基本的防守技术训练和基本的解脱技术训练。

1）防卫的基础技术训练

防卫的基础技术包括基本姿势和步法（滑步）。

（1）基本姿势训练。

基本姿势是指在实战中采取合理的站位姿势和保护动作，同时加强安全戒备意识，为下一步攻防格斗做好充分的准备。基本姿势的采用必须遵循“三个有利于”的原则：有利于身体重心平稳；有利于向自己有优势的方位移动；有利于自身的防护和攻防技术动作的实施。下面介绍戒备姿势（格斗姿势）和监视姿势两种基本姿势。

① 戒备姿势。戒备姿势是为躲避和截住对手而保护自己这一目的服务的。戒备姿势在防守中起着很重要的作用。利用戒备姿势，可使身体始终处于强有力的状态。

动作要领：立正站立，右脚向后方撤出一大步，两脚开立，右膝微曲，侧身站立，两脚间的距离与肩同宽；左脚微内扣，右脚跟外展 35°，脚跟抬起，重心落于两腿之间；两手握拳，左前右后，拳眼均朝后上方；左臂弯曲，肘关节夹角在 90°~120°间，左拳与鼻同高；右臂弯曲，肘关节夹角小于 90°，大臂紧贴右侧肋部；收腹，下颌微收，闭嘴合齿，目视对手。

动作要点：身体自然放松，含胸拔背，沉肩垂肘，两腿微曲。

② 监视姿势。

动作要领：两脚开立，左脚在前，右脚在后，两膝略屈，两脚间距离与肩同宽；身体侧 45°站立，重心落于两腿之间或稍偏于右腿；两手自然放于体侧，下颌微收，目视对手。

动作要点：身体自然放松，两腿保持一定弯曲度，以便随时启动身体，做防守或者进攻动作。

（2）步法（滑步）训练。

步法训练的目的是调整好有利于自身的攻防距离，破坏对手的进攻路线和距离，达到出奇制胜的效果。步法训练要求做到移动迅速、重心平稳。

动作要领：以格斗姿势站立，前脚（左脚）向前滑半步，后脚跟进半步，上身保持平衡，其他部位要保持原来的格斗姿势。向右、向左、向后滑步与向前滑步动作要领相同。

动作要点：身体自然放松，平稳移动。向前移动，先动前脚；向后移动，先动后脚。移动中保持格斗姿势不变，整体移动。

2）基本的防守技术训练

（1）拍挡。

动作要领：格斗姿势站立，用左（右）手臂、手掌曲臂将小臂直线向外推出，由此做横向拍挡。

动作要点：防守时判断要准确，拍挡时小臂尽量垂直，动作幅度要小，速度要快。

（2）躲闪（下潜）。

动作要领：格斗姿势站立，双腿屈膝，收腹含胸，重心下降，两手紧护胸及头，身体垂直向下，以闪躲对方的攻击。

动作要点：幅度不宜过大，动作要突然、迅速；下蹲闪躲要协调，并注意对头和躯干的保护，目视对方。

3）基本的解脱技术训练

（1）单臂抓握解脱。

动作要领：

解脱法 1——当对手右手由上往下抓握自己的右小臂时，右小臂应由下往上用力回拉，同时身体右转，以解脱对方的抓握。

解脱法 2——当对手右手由下往上抓握自己的右小臂时，右小臂应由上往下用力回拉，同时身体左转，以解脱对方的抓握。

动作要点：快速，有力，借助腰的旋转发力。

动作共性：这两个动作的解脱办法都是从对方的拇指一侧解脱。

易犯错误：用蛮力、抽拉、硬扯等。

（2）双臂抓握解脱。

动作要领：

解脱法 1——当对方双手由上往下抓住自己的右小臂时，左手由上而下抓住自己的右手（抱拳），迅速转体。用左手拉和右手肘关节上挑的合力，将右手臂解脱。

解脱法 2——当对方双手由下往上抓住自己的右小臂时，左手应从其两手下方插入，抓住自己的右手（抱拳），迅速转体，用左手和右手的合力下拉，右肘向前上抬，将右手臂解脱。

动作要点：左手抓握要快，转体扭腰，解脱法 1 的上挑合力要一致，解脱法 2 的下砸合力要一致。

易犯错误：动作缓慢，单纯用一只手臂的力量。

（3）抓胸解脱。

动作要领：当对方用右手抓住自己胸口的衣服时，应迅速用右手按住其右手背，同时撤右脚，向右转体，用自己的左肩迅速顶撞其右手臂，达到解脱的目的。

动作要点：转体要猛而快，一定要牵动对方的重心。

易犯错误：转体不够快、猛，发力不准确。

3. 突发恐怖暴力情况应急处置

1）高速铁路突发恐怖暴力情况的基本概念

（1）高速铁路突发恐怖暴力情况的定义。

高速铁路突发恐怖暴力情况是指在高速铁路运营范围内突然发生造成或可能造成旅客财产、健康严重受损，危害公共安全，或对高速铁路工作人员的人身、财产、形象造成损害的恐怖暴力事件。高速铁路突发恐怖暴力情况必须在短时间内和不确定性极高的情况下做出有效应对和处置。

（2）高速铁路突发情况应急处置的工作原则。

① 以人为本，科学决策。把保障人民群众的生命、财产安全，减少突发情况造成的损失放在首位。

② 统一指挥，分级负责。在高速铁路突发恐怖暴力情况应急处置机构的统一领导下，由相关职能部门负责有关高速铁路突发事件的应急处置工作。

③ 属地为主，分工协作。在对高速铁路突发恐怖暴力情况进行应急处置时，相关部门要主动配合、密切协作、整合资源、信息共享、形成合力，保证信息的及时准确传递、事件的快速有效处置。

④ 应急处置与日常建设相结合，增强有效应对能力。对突发情况要有充分的思想准备，建立有效的应对机制，做到常备不懈。应急机制建设和资源准备要坚持应急处置与日常建设相结合的原则，以降低运行成本。

2）爆炸的应急处置

（1）迅速反应，及时报告，密切配合，全力以赴疏散旅客、排除险情。

（2）高速铁路企业应针对列车、车站、接触网、控制中心，以及存车场等重点防范部位制定防爆措施。

（3）高速铁路站车内发现的爆炸物品、可疑物品应由专业人员进行处置，任何非专业人员不得随意触动，应及时报警、迅速撤离并协助专业人员开展处置工作。

（4）高速铁路爆炸事故一旦发生，高速铁路企业应立即报告当地公安部门、消防部门和卫生部门，组织开展应急和调查处理工作。

（5）高速铁路突发情况应急处置机构接到爆炸报告后，应立即启动相应的应急预案。

（6）对周围有易燃、易爆物品的现场应采取有效的防范措施，迅速搬走易燃、易爆物品，防止发生连环爆炸事故。

（7）注意把握撤离时机，避免不应有的人员伤亡。

3）毒气袭击的应急处置

（1）处置原则。

毒气事故发生后，必须启用足够的氧气、空气呼吸器及其他特种防毒器具，为旅客及救援人员提供个人防护装备保障。在救援的同时应该迅速查明毒源，划定警戒区域，遵循“救人第一”的原则，积极抢救已中毒人员，疏散受毒气威胁的旅客。

（2）处置措施。

大多数的毒气事故发生后必须及时进行洗消，洗消流程如下。

① 控制污染源，及时消除污染。控制措施越早实施，受污染面积越小。

② 确定污染范围。做好事故现场的应急监测，及时查明泄漏源的性质、数量和扩散区域，明确污染边界，确定洗消量。

③ 严防污染扩散。对污染进行清除，采取有效措施防止污染扩散。

④ 对污染进行洗消。利用喷洒洗消液、抛撒粉状消毒剂等方式消除毒气污染。

4）对新型恐怖威胁的应急处置

高速铁路面临的恐怖袭击手段不断发生变化，在防范传统恐怖威胁形式的同时，更要关注隐蔽性更强、破坏力更大的新型恐怖威胁。

（1）新型恐怖威胁的种类。

① 液态危险品。液态危险品主要指 TATP（三过氧化三丙酮）等爆炸物，汽油和丙酮等易燃液态危险品，因其无特定形状特征，又可以将主要制作原材料分开携带并在现场组装和引爆，几乎无法利用传统安检技术进行防范。

② 胶状和粉末状爆炸物。这些爆炸物很难与肥皂、糖等日常用品区分，隐蔽性更强，传统安检技术难以检测和识别。

③“脏弹”。“脏弹”指内置放射性物质的爆炸装置，其被引爆后，放射性物质可对爆炸现场造成长期的辐射影响，很难完全清除。

（2）应对新型恐怖威胁的相关技术解决方案。

① 综合应用 X 射线成像技术、计算机断层扫描技术、痕量爆炸物探测技术、金属探测技术、放射性物质监测技术等先进安检技术，能有效识别爆炸物与武器，易燃、易腐蚀物品和放射性物质等各类危险品和违禁品。

② 实时采集、存储和处理各类 X 射线图像、视频监控图像等信息，发生安全威胁事件后可供调查分析使用。

③ 采取普检与精检相结合的安检工作模式，以及设置开包复验工作站，安装人脸识别设备等措施，提高安检工作效率，改善安检工作质量。

④ 充分考虑各地区、各时间段安检目标和安检标准的差异性，进行灵活的检测设备配置，科学、合理地进行安检级别和灵敏度的设置。注重安检工作方案的人性化设计。

（3）针对新型恐怖威胁的主要安检技术应用。

① X 射线成像技术。该技术主要用于对爆炸物、武器、管制器具等危险品、违禁品进行检测。

② 计算机断层扫描技术。该技术能够自动识别易燃、易爆、易腐蚀性危险液体，以及用于制作液体爆炸物的主要液体组成成分。

③ 痕量爆炸物探测技术。该技术能够自动检测粉末状、胶状物品是否存在痕量爆炸物，并能鉴别爆炸物的种类。

④ 金属探测技术。该技术主要用于对金属材料武器和管制器具等危险品、违禁品进行

检测。

⑤ 放射性物质监测技术。该技术主要用于对“脏弹”等含有放射性物质的危险品、违禁品进行检测。

【实训】

高速铁路防恐防暴处理实训

【实训目标】

（1）能够掌握恐怖主义的概念、特征、危害。

（2）能够掌握高速铁路防恐防暴技能。

【实训内容与要求】

第一步：由教师介绍实训的目的、方式、要求，调动学生实训的积极性。

第二步：对学生进行分组，确定各小组的组长和人员分工、学习方式，制订小组学习计划，了解团队要做什么，要达到什么目的。

第三步：由教师介绍高速铁路防恐防暴处理知识及讨论的话题。

第四步：各小组对教师布置的问题进行讨论，并记录小组成员的发言。

第五步：根据小组讨论记录撰写讨论小结。

第六步：各小组相互评议，教师点评、总结。

【实训成果与检测】

成果要求：

（1）提交案例讨论记录。3~5 名学生一组，设小组长 1 人、记录员 1 人，每组必须提交详细的讨论记录，以作为考核成绩的依据。

（2）能够在规定的时间内完成相关的讨论，撰写文字小结。

评价标准：

（1）上课时积极与老师配合，积极思考、发言。

（2）认真阅读案例，积极参加小组讨论，分析问题思路较宽。案例分析基本完整，能结合所学理论知识解答问题。

项目 5

高速铁路违禁品的查堵及处理

【知识目标】

- 了解违禁品；
- 了解违禁品的分类；
- 掌握违禁品的查堵及处理标准。

【技能目标】

- 能够根据违禁品分类知识来鉴别违禁品；
- 能够根据违禁品的查堵与处理规定来完成工作。

【学习重点及难点】

- 学习重点：违禁品定义的权威性和科学性。
- 学习难点：违禁品的查堵与处理。

【本章知识结构图】

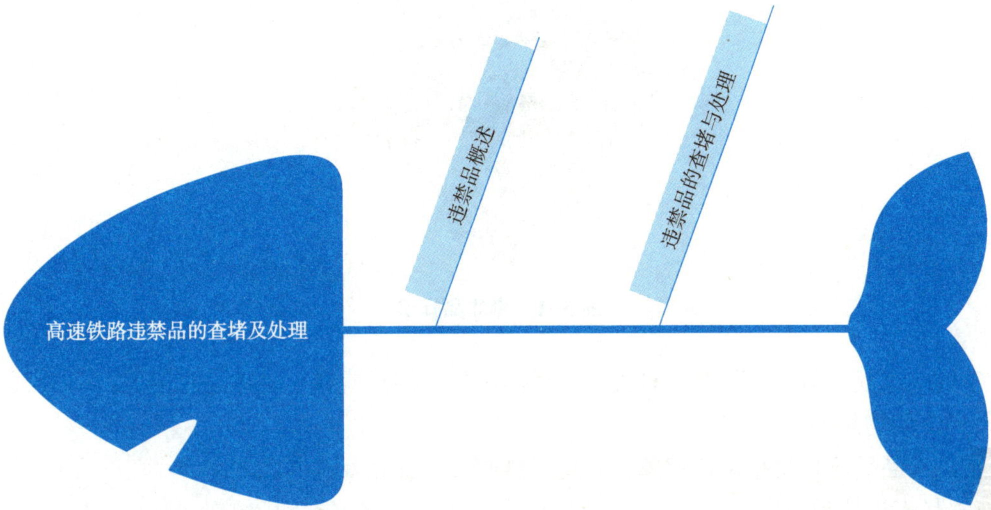

5.1　违禁品概述

1. 违禁品

违禁品是指易燃、易爆、有毒、有腐蚀性、有放射性，以及有可能危及公共场所安全和公众人身和财产安全的危险物品。各类反动的、有政治问题的、淫秽的图书、报纸、期刊、音像制品也属违禁品范畴。

根据有关规定，有 10 类 36 项数千种物品属禁止携带进入公共场所的危险物品，这些物品大多化学性质比较活跃，一旦遭遇明火、摩擦等，极易引发火灾、爆炸事故，这 10 类物品介绍如下。

1）爆炸品类

爆炸品类危险物品包括雷管、传爆助爆管、导爆索、导火索、火帽、引信、炸药、子弹、烟火制品（礼花、鞭炮、摔炮、拉炮等）、点火绳、发令纸等。

爆炸品标识如图 5-1 所示。

2）氧化剂和有机过氧化物类

氧化剂和有机过氧化物类危险物品包括氯酸钠、高氯钾、漂粉精、硝酸铵化肥、过氧化氢（双氧水）、硝酸铵、氯酸钾等。

3）压缩气体和液化气体类

压缩气体和液化气体类危险物品包括液化石油气、甲烷、乙烷、（压缩、液化的）丙

图 5-1 爆炸品标识

烷、丁烷、煤气、氧气、氢气、打火机、微型煤气炉用贮气罐、气体杀虫剂等。

4）自燃物品类

自燃物品类危险物品包括黄磷、硝化纤维胶片、油布及其制品等。

5）易燃液体类

易燃液体类危险物品包括汽油、酒精、去光水、引擎开导液、鸡眼水、染皮鞋水、打字蜡纸改正液、强力胶、汽车门窗胶、橡胶水、脱漆剂、环氧树脂、油漆、香蕉水、皮革光亮剂、显影剂、印刷油墨、樟脑油、松节油、松香水、擦铜水、纽扣磨光剂、油画上光油、刹车油、防冻水、柴油、煤油。

易燃液体标识如图 5-2 所示。

图 5-2 易燃液体标识

6）遇湿易燃物品类

遇湿易燃物品类危险物品包括金属钠、镁铝粉、电石等。

7）易燃固体类

易燃固体类危险物品包括红磷、硫黄、火补胶、松香、铝粉、镁粉、火柴等。

易燃固体标识如图 5-3 所示。

图 5-3　易燃固体标识

8）有毒害物品类

有毒害物品类危险物品包括砒霜、氢化钠、磷化锌、氰化物、砷、赛力散、灭鼠安（含各类鼠药），敌百虫、敌敌畏、滴涕农药等杀虫剂，灭草松、敌稗等灭草剂。

有毒害物品标识如图 5-4 所示。

图 5-4　有毒害物品标识

9）腐蚀性物品类

腐蚀性物品类危险物品包括硝酸、硫酸、盐酸、有液蓄电池、溴、过氧化氢、烧碱、苛性碱等。

10）放射性物品类

放射性物品类危险物品包括夜光粉、发光剂、碘 131、磷 32、氧化铀、放射性同位素、独居石、沥青铀矿等。

放射性物质标识如图 5-5 所示。

图 5-5　放射性物质标识

2. 各类违禁品的危险特性

1）爆炸品

爆炸品是指在受热、撞击等外界作用下，能发生剧烈化学反应，瞬时产生大量气体和热量，使周围压力急剧上升而发生爆炸的物品。爆炸品还包括无整体爆炸危险，但具有燃烧、抛射及较小爆炸危险的物品，以及仅产生热、光、音响、烟雾等一种或几种作用的烟火物品。

常见的爆炸品如图 5-6 所示。

(a)烟花爆竹

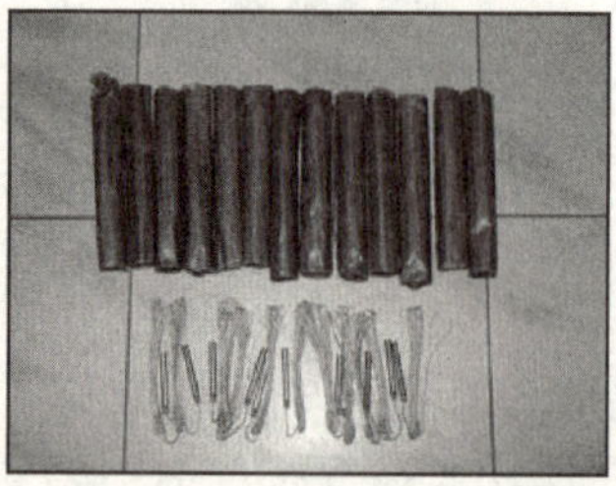
(b)雷管炸药

(c)导火索

图 5-6 常见的爆炸品

2）压缩气体和液化气体

压缩气体和液化气体指压缩、液化或加压溶解的气体，并应符合下述两种情况之一者。

（1）临界温度低于 50 ℃。或在 50 ℃时，其蒸气压力大于 294 kPa 的压缩气体或液化气体。

（2）温度在 21. 1 ℃时，气体的绝对压力大于 275 kPa，或在 54. 4 ℃时，气体的绝对压力大于 715 kPa 的压缩气体；或在 37. 8 ℃时，雷德蒸气压力大于 275 kPa 的液化气体或加压溶解的气体。

压缩气体和液化气体按其物理性能可分为易燃气体、不燃气体、有毒气体 3 类。

压缩气体和液化气体的危险性主要表现在以下两个方面。

（1）容器破裂甚至爆炸的危险。

压缩气体和液化气体一般灌装在耐压容器中，由于受热、撞击等原因造成容器内压力急剧升高，或由于容器内壁被腐蚀，容器材料疲劳等原因使容器耐压强度下降，都会引起容器破裂或爆炸。

（2）由于气体物质本身的化学性质引起的危险。

有的压缩气体和液化气体易燃易爆，有的压缩气体和液化气体有毒，有的压缩气体和液化气体具有腐蚀性，一旦溢漏，因其本身的化学性质，可能引起火灾、爆炸、中毒、灼伤、冻伤等事故。即使化学性质不活泼的惰性气体和二氧化碳出现溢漏，也会引起窒息死亡。

常见的压缩气体和液化气体如图 5-7 所示。

3）易燃液体

易燃液体指易燃的液体、液体混合物或含有固体物质的液体，但不包括由于其危险特性已列入其他类别的液体。易燃液体按其闪点分为 3 类：①闪点低于-18 ℃的低闪点液体；②闪点在-18 ℃至 23 ℃之间的中闪点液体；③闪点在 23 ℃至 61 ℃之间的高闪点液体。

(a)液化石油气　(b)打火机气体　(c)气体杀虫剂

图 5-7　常见的压缩气体和液化气体

易燃液体的蒸气与空气混合达到一定比例时，就形成爆炸性混合物，遇到火星即能引起燃烧或爆炸，而且易燃液体一般或多或少具有麻醉性和毒性，人体吸入可能会导致麻醉，甚至导致死亡。

常见的易燃液体如图 5-8 所示。

(a)汽油　(b)油漆　(c)香蕉水

图 5-8　常见的易燃液体

4）易燃固体

易燃固体指燃点低，对热、撞击、摩擦敏感，易被外部火源点燃，燃烧迅速，并可能散发出有毒烟雾或有毒气体的固体，但不包括已列入爆炸品的物品。

易燃固体如图 5-9 所示。

(a)硫黄　(b)松香　(c)火柴

图 5-9　易燃固体

5）自燃物品

自燃物品指自燃点低，在空气中易发生氧化反应，释放出热量，而自行燃烧的物品。

自燃物品如图 5-10 所示。

(a)黄磷　　(b)硝化棉　　(c)硝化纤维胶片

图 5-10　自燃物品

6）遇湿易燃物品

遇湿易燃物品指遇水或受潮时，发生剧烈化学反应，释放出大量的易燃气体和热量的物品，有的遇湿易燃物品不需明火，即能燃烧或爆炸。

遇湿易燃物品如图 5-11 所示。

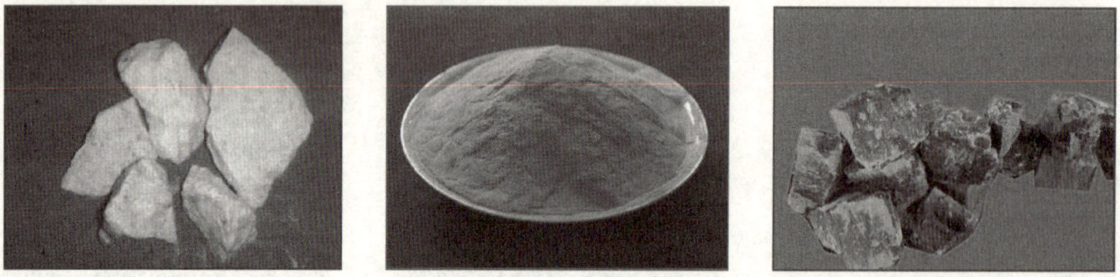

(a)金属钠　　(b)镁铝粉　　(c)电石

图 5-11　遇湿易燃物品

7）氧化剂和有机过氧化物

氧化剂指处于高氧化状态、具有强氧化性，易分解并释放出氧和热量的物质，包括含有过氧基的无机物，其本身不一定可燃，但能导致可燃物的燃烧，与松软的粉末状可燃物能组成爆炸性混合物，对热、摩擦较敏感，遇酸、碱，或遇潮湿、高热、摩擦、冲击，或与易燃物、有机物还原剂等接触，能发生分解并可能引起燃烧或爆炸。

有机过氧化物指分子组成中含有过氧基的有机物，其本身易燃、易爆，极易分解，对热、摩擦极为敏感。

氧化剂和有机过氧化物如图 5-12 所示。

(a)高氯酸钾　　(b)过氧化氢(双氧水)　　(c)硝酸铵

图 5-12　氧化剂和有机过氧化物

8）有毒害物品

有毒害物品指少量侵入人体或接触皮肤，能与机体组织发生作用，破坏正常生理功能，引起机体产生暂时或永久性病变、中毒甚至死亡的物品，其中有机毒害品具有可燃性，遇明火、高热或与氧化剂接触会燃烧爆炸，有毒害品燃烧时，又会放出有毒气体，加剧其危害性；氰化物遇酸或与水反应会放出剧毒的氰化氢气体。不少毒害品对人体和金属还具有较强的腐蚀性，强烈地刺激皮肤和黏膜，甚至导致溃疡，加速毒物经皮肤入侵人体。

有毒害物品如图 5-13 所示。

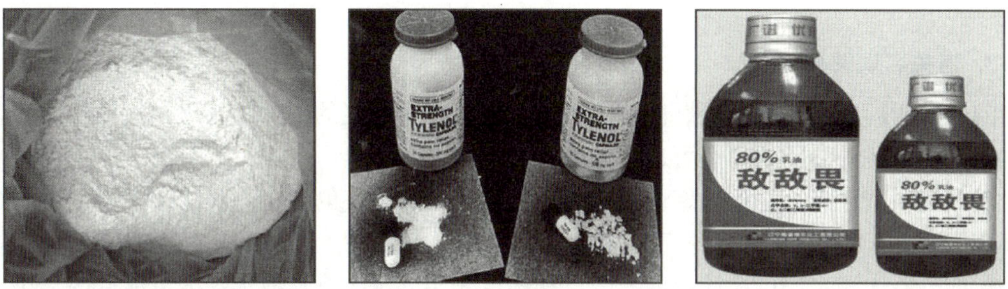

(a)砒霜　(b)氰化物　(c)敌敌畏

图 5-13　有毒害物品

9）腐蚀性物品

腐蚀性物品具有强烈的腐蚀性，对人体会造成化学烧伤，对物品会形成腐蚀，若被带上高速铁路列车，一旦包装破损，极有可能造成机毁人亡的事故。另外，很多腐蚀性物品同时还具有毒性、易燃性、氧化性等性质中的一种或数种。

腐蚀性物品如图 5-14 所示。

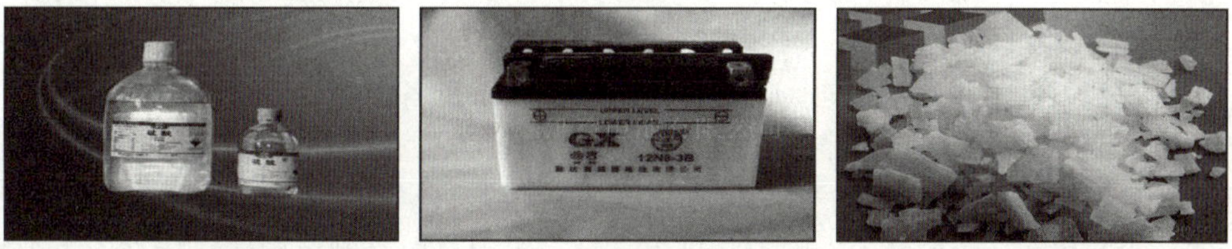

(a)硫酸　(b)有液蓄电池　(c)烧碱

图 5-14　腐蚀性物品

10）放射性物品

放射性通常是指具有一定能量的射线，它可以破坏细胞组织，从而对人体造成伤害。射线强度和能量越大，受照时间越长，人体的受伤害程度就越大。人受到大量射线照射时可能会产生诸如头昏乏力、食欲减退、恶心、呕吐等症状，严重时会导致机体损伤，甚至死亡。当人只受到少量射线照射（如来自天然本底辐射的照射和医疗检查照射）时，不会有不适症状发生，一般也不会对身体有过多伤害。

放射性物品如图 5-15 所示。

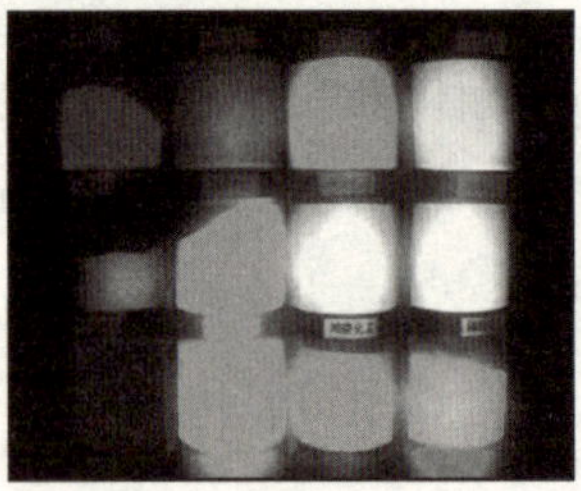

(a)夜光粉

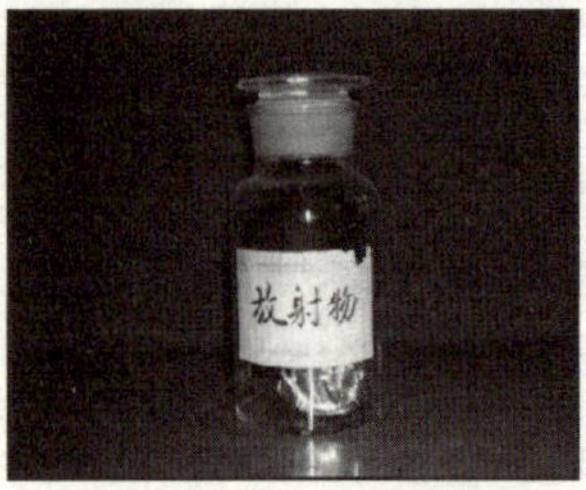

(b)放射性同位素

图 5-15 放射性物品

3. 相关名词解释

闪点又叫闪燃点，是指可燃性液体表面上的蒸气和空气的混合物与火接触而初次发生闪光时的温度。各种油品的闪点可通过标准仪器测定。

燃点又叫着火点，是指可燃性液体表面上的蒸气和空气的混合物与火接触而产生火焰能继续燃烧不少于 5 s 时的温度。闪点温度比着火点温度低些。着火点可在测定闪点后继续在同一标准仪器中测定。可燃性液体的闪点和燃点表明其发生爆炸或火灾的可能性的大小，这两个指标与可燃性液体运输、储存和使用的安全有极大关系。

4. 违禁品认定标准

1）管制刀具的认定标准

（1）匕首：带有刀柄、刀格和血槽，刀尖角度小于 60°的单刃、双刃或多刃尖刀。

（2）三棱刮刀：有三个刀刃的机械加工用刀具。

（3）带有自锁装置的弹簧刀（跳刀）：刀身展开或弹出后，可被刀柄内的弹簧或卡锁固定自锁的折叠刀具。

（4）其他单刃、双刃、三棱尖刀：刀尖角度小于 60°，刀身长度超过 150 mm 的各类单刃、双刃和多刃刀具。

（5）其他刀尖角度大于 60°，刀身长度超过 220 mm 的各类单刃、双刃和多刃刀具。

（6）未开刀刃且刀尖倒角半径 R 大于 2.5 mm 的各类武术、工艺、礼品等刀具不属于管制刀具范畴。

（7）少数民族使用的藏刀、腰刀、靴刀、马刀等刀具的管制范围认定标准，由少数民族自治区（自治州、自治县）人民公安机关参照相关标准制定。

（8）相关名词解释。

① 刀柄：刀上被用来握持的部分。

② 刀格：刀上用来隔离刀柄和刀身的部分。

③ 刀身：刀上用来完成切、削、刺等功能的部分。

④ 血槽：刀身上的专用刻槽。

⑤ 刀尖角度：刀刃与刀背（或另一侧刀刃）上距离刀尖顶点 10 mm 的点与刀尖顶点形成的角度。

⑥ 刀刃（刃口）：刀身上用来切、削、砍的一边。一般情况下刃口厚度小于 0.5 mm 的刀具为管制刀具。

2）仿真枪认定标准

根据中华人民共和国公安部颁布的《仿真枪认定标准》，凡符合以下条件之一的，可以认定为仿真枪。

（1）符合《中华人民共和国枪支管理法》规定的枪支构成要件，所发射金属弹丸或其他物质的枪口比动能小于 1.8 J/cm^2（不含本数）、大于 0.6 J/cm^2（不含本数）的。

（2）具备枪支外形特征，并且具有与制式枪支材质和功能相似的枪管、枪机、机匣或者击发等机构之一的；外形、颜色与制式枪支相同或者近似，并且外形长度尺寸介于相应制式枪支全枪长度尺寸的 1/2 与 1 倍之间的。

（3）枪口比动能的计算，按照《枪支致伤力的法庭科学鉴定判据》判定的计算方法执行。

3）其他规定

（1）携带枪支、弹药的相关规定。

对安检现场查出的枪支、弹药，需按照以下步骤处置。

① 立即进行“人物分离”。

② 及时上报公安机关并配合进行处理。

③ 上报上级并在《综合登记簿》中做好登记。

④ 如携带枪支、弹药的受检者自称是军人、民警执行任务时，不得私自放行，必须及时上报公安民警进行处理。

（2）携带动物乘坐高速铁路列车的相关规定。

① 观赏鱼类、小乌龟。

乘坐客运高速铁路工具允许旅客携带观赏鱼类、小乌龟进站，但是必须请旅客包装严密，包装不漏水，并且妥善保管。

② 为避免不必要的纠纷和投诉，对允许进站的动物按以下原则进行划定。

a）无异味。

b）不会快速移动或挣扎引起旅客恐慌。

c）性情温和、没有攻击性，不会在密闭空间或其他刺激下对旅客造成安全隐患。

d）体型较小，不会影响设备和旅客进出。

（3）携带灭火器等喷雾类物品乘坐高速铁路列车的相关规定。

① 允许旅客携带保湿类、防晒类喷雾，但包装上有危险标志的除外。

② 允许持有消防员工作证件或与消防工作相关的人员携带灭火器。

（4）旅客携带酒类物品乘坐高速铁路列车的相关规定。

① 允许携带酒精度数不大于 56°的酒类，大于 56°的酒类不允许带进车站。

② 允许每位旅客携带单体包装完整的酒类不超过 4 瓶，且总容积不超过 2 L。

③ 允许每位旅客携带成件包装完好的酒类不超过 2 箱，且总容积不超过 8 L。

④ 符合携带规定的包装完好的酒类必须经 X 射线安检机检测，检测正常后方能带进车站。

（5）关于导盲犬进入车站的有关规定。

① 允许导盲犬进站的条件。

a）导盲犬须与主人一同进站。

b）导盲犬须佩戴“导盲鞍”。

c）犬只主人必须出示两证：导盲犬工作证、本人残疾人证。

② 除导盲犬工作证外，导盲犬还可通过以下方式进行辨识。

a）导盲犬脖子上挂有“狗牌”，狗牌一面是狗的相关信息，另一面是狗的照片（磨砂花纹头像）。

b）导盲犬背部植入了“芯片”，通过扫描该芯片亦可辨别导盲犬身份，公安机关一般具有扫描该芯片的仪器。

5.2 违禁品的查堵与处理

1. 违禁品查堵

1）用X射线安检机辨识违禁品技巧

（1）以包内最深颜色的物品（多为违禁品）为原点，眼睛顺（逆）时针逐一进行观察，判断是否还有其他可疑违禁物品。

（2）当物品图像走到屏幕三分之二处左右，此时的图像和X射线安检机出口处的物品基本一致。

（3）值机员在发现违禁品的同时应该在第一时间准确无误地使用相应的语言或手势示意后传员，防止因配合出现问题造成人为性漏检。

（4）在识别图像时发现疑似有电池、导线、钟表、粉末状、液体状、枪弹状物的物品，要及时使用剔除有机、无机物的功能按键协助自己快速识别。

（5）在识别图像时发现图像中无机物（多指金属）在正常情况下很难分辨时应使用超级增强或是高穿按键协助自己快速识别。

2）液体的检测技巧

（1）查包装：瓶装、罐装液体商品的原始包装完好，无可疑之处。

（2）摇晃液体：透明材质包装的液体轻轻摇动，看是否有泡沫出现且快速消失。

（3）闻液体气味：不是透明材质包装的液体打开瓶盖后用手轻扇瓶口，鼻子靠近瓶口闻是否有异常（酒的气味香浓，汽油、酒精、香蕉水的刺激性大），闻时要注意安全。

（4）仪器检查：第一次使用仪器检查疑似为危险液体时，要使用仪器多复查几次，不能武断。

（5）受检人试喝：注意观察受检人的表情，如出现不正常的表情要特别注意。

（6）切勿在检查过程中发生漏检。

（7）检查具有明显易燃、易爆标识的液体时应注意安全，轻拿轻放。

（8）在使用设备进行检测时被测物体水平线应高于探测设备。

3）爆炸物品的识别技巧

（1）用X射线安检机检查时，发现疑似电池，导线，粉末状、液体状、枪弹状物品及其他可疑物品的，要考虑是爆炸物品的可能性（常见爆炸物品的组件经常和这些物品有关联）。

（2）熟知一些常用生活用品的组件和模样，在检查过程中如发现一些常用生活用品和自己所接触的有出入，很可能是不法分子故意伪装、藏匿的违禁品，例如，一般正常笔记本电脑在X射线安检机图像中的明显部件为散热风扇、光驱、硬盘、电池，如果图像缺失常见零部件，很可能是有人故意拆装以掩藏其他物品。

4）常见违禁品的图像判定技巧

（1）枪支的识别。

枪支在X射线安检机图像中大部分显示为蓝色（金属无机物），枪托、弹簧的位置明显。仿真枪弹夹位置的金属多数为铅块，是厂家为增加仿真枪重量及令使用者感受类似握持真枪的手感而设计。

制式枪支与仿真枪明显的区别如下。

① 仿真枪支的枪身一般没有螺丝或是金属铆钉。

② 正规制式枪支弹夹内的弹簧为弹簧钢片，而仿真枪支往往是一根细小的弹簧。

③ 正规制式枪支枪管和撞针的位置在X射线安检机中的图像颜色多为深红色或是黑色（由于采用高密度合金所致），而仿真枪这两个部位基本与枪身颜色一致，均为蓝色。

（2）刀具的识别。

常见超长并带有血槽和倒钩的非折叠自锁式刀具在X射线安检机中的图像，以血槽眼和倒钩为明显特征，直立摆放时由于刀片从水平到上方的厚度不一所以会在X射线安检机图像上呈现深浅不一的样子。

常见的带自锁装置的刀类在X射线安检机中的图像的特征为刀的把手位置有明显的手指凹槽，折叠类刀具的顶部有明显的金属铆钉。

（3）电击器的识别技巧。

电击器的充电电池、升压电容、放电电极在X射线安检机中的图像较为明显。

（4）子弹的识别技巧。

子弹在X射线安检机中的图像的明显特征为弹壳主体为蓝色，弹头和底火位置为红色或黑色。

（5）外包装为轻金属的压缩容器识别特征。

轻金属包装的压缩罐体在X射线安检机中的图像的明显特征为罐体颜色不会显示为无机物（多为金属）的蓝色而是显示为绿色，为了增大容器内部压强，瓶体底部常往里凹（有些也是平底），顶部凸出来，整体颜色非常接近一些厚度较大的书籍的颜色。

2. 限违禁品的处置

1）违禁品的分类（从处置的角度分类）

违禁品一般分为限带违禁品和禁带违禁品。限带违禁品指不带有明显危险性的物品，如常见的气球、高度白酒、小刀、喷雾、小宠物、家禽，以及超长、超宽、超重物品。禁带违禁品指危险性物品，如汽油、硫酸、枪支弹药和管制刀具等。对于限带违禁品应劝携带人先行处理或自愿放弃后再进站乘车；对于禁带违禁品应上报警务室和车站值班室，请求协助处理（遇危险性物品须进行人物分离）。

2）限带违禁品的处置措施

在高速铁路场站或列车上发现限带违禁品后，应按表 5-1 所示的限带违禁品处置措施处理。

表 5-1 限带违禁品处置措施

发现物品地点	处置措施
未通过高速铁路场站安检，在高速铁路设施管控范围外	请旅客将限带违禁品带离高速铁路场站或自弃限带违禁品后进站乘车
通过高速铁路场站安检，进入高速铁路设施管控范围内	请旅客自弃限带违禁品后继续乘车或请旅客将限带违禁品带离高速铁路场站（全程由安检人员或站务人员陪同）
高速铁路列车上	配备乘警的列车，由乘警保管或监视限带违禁品，视限带违禁品的危险程度和数量适当安排其他旅客与限带违禁品保持一定的距离。要注意工作技巧，防止引起不必要的恐慌，否则，易导致事故发生。到站后将违禁品带下列车。对旅客进行批评教育后，由旅客将限带违禁品带离车站（全程由安检人员或站务人员陪同）或旅客自弃限带违禁品后继续乘车。限带违禁品危险性较大、数量较多时，或携带者态度恶劣时，可没收限带违禁品，必要时请公安机关介入处理
	未配备乘警的列车，由列车乘务长保管或监视限带违禁品，视限带违禁品的危险程度和数量适当安排其他旅客与限带违禁品保持一定的距离。要注意工作技巧，防止引起不必要的恐慌，否则，易导致事故发生。到站后将违禁品带下列车。对旅客进行批评教育后，由旅客将限带违禁品带离车站（全程由安检人员或站务人员陪同）或旅客自弃限带违禁品后继续乘车。限带违禁品危险性较大、数量较多时，或携带者态度恶劣时，可没收限带违禁品，必要时请公安机关介入处理

3）禁带违禁品的处置

（1）设置警戒区。

在高速铁路场站或列车上发现禁带违禁品特别是武器弹药、爆破器材等危险品后，应在其周围设置警戒区。

警戒区最小半径如表 5-2 所示。

表 5-2 警戒区最小半径

禁带违禁品情况	警戒区最小半径
禁带违禁品破坏程度相当于 10~20 kg 炸药	300 m
禁带违禁品破坏程度相当于 3~10 kg 炸药	200 m
禁带违禁品破坏程度相当于 3 kg 以下炸药	100 m
期刊、信件大小的微型爆炸装置	10 m
破坏程度相对较小的非爆炸类禁带违禁品	2 m

（2）禁带违禁品的处置措施。

在设置警戒区后，根据禁带违禁品的破坏程度，应按表 5-3 所示的禁带违禁品处置措施处理。

表 5-3　禁带违禁品处置措施

序号	名称	处置措施
1	弹药：炸弹、手榴弹、照明弹、燃烧弹、烟雾弹、信号弹、催泪弹、毒气弹和子弹（空包弹、战斗弹、检验弹、教练弹）等	禁止禁带违禁品携带者进入高速铁路设施管控范围，疏散人群，将禁带违禁品放入防爆球，交由警方处理
2	爆破器材：炸药、雷管、导火索、导爆索、非电导爆系统、爆破剂等	禁止禁带违禁品携带者进入高速铁路设施管控范围，疏散人群，将禁带违禁品放入防爆球，交由警方处理
3	爆炸物品的仿制品	禁止禁带违禁品携带者进入高速铁路设施管控范围，疏散人群，将禁带违禁品放入防爆球，交由警方处理
4	军用枪、公务用枪：手枪、步枪、冲锋枪、机枪等	禁止禁带违禁品携带者进入高速铁路设施管控范围，将禁带违禁品交由警方处理
5	民用枪：气步枪、猎枪、运动气步枪、麻醉注射枪、发令枪等	禁止禁带违禁品携带者进入高速铁路设施管控范围，将禁带违禁品交由警方处理
6	军械、警械：警棍、军用或警用匕首、刺刀等	禁止禁带违禁品携带者进入高速铁路设施管控范围，将禁带违禁品交由警方处理
7	国家禁止携带的其他枪支、械具：钢珠枪、催泪枪、电击枪、电击器、防卫器等	禁止禁带违禁品携带者进入高速铁路设施管控范围，将禁带违禁品交由警方处理
8	枪支、军用或警用械具（含主要零部件）的仿制品	禁止禁带违禁品携带者进入高速铁路设施管控范围，将禁带违禁品交由警方处理
9	其他枪支：样品枪、道具枪等	禁止禁带违禁品携带者进入高速铁路设施管控范围，将禁带违禁品交由警方处理
10	管制刀具	禁止禁带违禁品携带者进入高速铁路设施管控范围，将禁带违禁品交由警方处理
11	烟火制品：礼花弹、烟花、爆竹等	禁止禁带违禁品携带者进入高速铁路设施管控范围，疏散人群，将禁带违禁品放入防爆球，交由警方处理
12	氢气、氟气、丁烷等瓶装压缩气体、液化气体	禁止禁带违禁品携带者进入高速铁路设施管控范围，将禁带违禁品放入防爆球，交由警方处理
13	汽油、煤油、柴油、苯、乙醇（酒精）、油漆、稀料、松香油等易燃液体	禁止禁带违禁品携带者进入高速铁路设施管控范围，将禁带违禁品放入防爆球，交由警方处理
14	黄磷、白磷、硝化纤维（含胶片）等易自燃物品	禁止禁带违禁品携带者进入高速铁路设施管控范围，将禁带违禁品放入防爆球，交由警方处理
15	金属钾、钠、锂、碳化钙（电石）、镁铝粉等遇水燃烧物品	禁止禁带违禁品携带者进入高速铁路设施管控范围，将禁带违禁品放入防爆球，交由警方处理
16	闪光粉、固体酒精等易燃固体	禁止禁带违禁品携带者进入高速铁路设施管控范围，将禁带违禁品放入防爆球，交由警方处理
17	过氧化钠、过氧化钾、过氧化铅等各种无机、有机氧化物	禁止禁带违禁品携带者进入高速铁路设施管控范围，将禁带违禁品放入防爆球，交由警方处理

3. 可疑人员、可疑物品的处置

在高速铁路场站或列车上发现可疑人员、可疑物品时，要及时把控和采取防范措施，使损失减少到最低程度。

1）可疑人员的处置

可疑人员的处置流程为：发现可疑人员—上报可疑人员—做出处理。

（1）发现可疑人员。

高速铁路安检人员应具有敏锐的职业洞察力，能够及早发现可疑人员。

（2）上报可疑人员。

发现可疑人员或接到旅客、车站工作人员报告的可疑人员信息，应在不惊动可疑人员的情况下，迅速口头汇报或用对讲机、电话等通信设备向安检班组长及公安部门上报，要讲清楚自己的身份，发现可疑人员的时间、地点，可疑人员数量及可疑人员是否携带可疑物品（形状、数量等），以免延误事件处理的最佳时机。

（3）做出处理。

在不惊动可疑人员的前提下，密切监视可疑人员，要防止其他无关人员接触可疑人员。时刻判断可疑人员的举动，一旦可疑人员企图做出引燃物品等危险举动，要尽量在危险举动发生前制止或在危险举动发生后极短的时间内处理。若发现可疑人员遗留可疑物品，要立即控制可疑人员，并对可疑物品采取处置措施。

必要时，可以对可疑人员进行审查。安检人员审查可疑人员时要与高速铁路车站工作人员或公安人员相互配合，用恰当的口气询问以避免发生误会。可疑人员是女性的，应有至少一名女性安检人员参与审查，遇有两名可疑人员时，应分开审查。要问清可疑人员姓名、单位、乘车路径，查验其证件及随身物品，在没有确实证据的情况下不得与可疑人员发生肢体冲突。

若经审查是误会，安检人员应向其道歉并感谢其协助工作。

若可疑人员违规情节较轻（如携带限带违禁品），且非主观违规，也未造成明显后果的，由安检班组长对其进行批评教育，并采取相应措施后放人。

若发现可疑人员有违法行为，要及时控制可疑人员，配合公安人员处理，并做好记录，应及时将所掌握的资料移交公安人员。

2）可疑物品的处置

可疑物品的处置流程为：发现可疑物品—上报可疑物品—做出处理。

（1）发现可疑物品。

高速铁路安检人员应具有敏锐的职业洞察力，不放过任何可疑物品。

（2）上报可疑物品。

发现可疑物品或接到旅客、车站工作人员报告的可疑物品信息，应迅速口头汇报或用对讲机、电话等通信设备向安检班组长及公安部门上报，要讲清楚自己的身份，发现可疑物品的时间、地点，可疑物品的种类（若能辨别可疑物品性质时）和数量，以免延误事件处理的最佳时机。

（3）做出处理。

不要移动可疑物品，要控制现场，防止其他无关人员接触可疑物品。

① 在不引起旅客恐慌的前提下，设置警戒区（警戒区最小半径可参考表 5-2），疏散旅客。

② 将危险区域内的贵重物品及受热、震动、爆炸后会引发恶性事故的设备、物品移走，放到安全地方暂时保存。等可疑物品处理完成后再将其移回到原来的位置。

③ 能明确判断可疑物品属于违禁品时，在情况危急的情况下，若高速铁路安检部门有能力处理，可以按表 5-1 和表 5-3 所示的限带、禁带违禁品处置措施处理。若无法判断可疑物品的属性、威力等情况，高速铁路安检人员无力处理时，应待公安专业人员到达现场后，将现场情况报告公安专业人员并听从公安专业人员指挥，配合公安专业人员做好工作。

无论是发现可疑人员还是发现可疑物品，甚至发生爆炸等突发情况时，高速铁路安检人员都不要惊慌失措，应沉着冷静，及时报警，听从指挥，服从安排，坚守岗位，配合公安专业人员排除险情。

【实训】

高速铁路违禁品的查堵及处理实训

【实训目标】

（1）掌握违禁品的概念、特点、危害。

（2）掌握违禁品的查堵与处理规定。

（3）培养自主学习能力。

【实训内容与要求】

第一步：由教师介绍实训的目的、方式、要求，调动学生实训的积极性。

第二步：对学生进行分组，确定各小组的组长和人员分工、学习方式，制订小组学习计划，了解团队要做什么，要达到什么目的。

第三步：由教师介绍违禁品的查堵和处理知识及讨论的话题。

第四步：各小组对教师布置的问题进行讨论，并记录小组成员的发言。

第五步：根据小组讨论记录撰写讨论小结。

第六步：各小组相互评议，教师点评、总结。

【实训成果与检测】

成果要求：

（1）提交案例讨论记录：按 3~5 名学生一组，设小组长 1 人、记录员 1 人，每组必须提交详细的讨论记录，以作为考核成绩的依据。

（2）能够在规定的时间内完成相关的讨论，撰写文字小结。

评价标准：

（1）上课时积极与老师配合，积极思考、发言。

（2）认真阅读案例，积极参加小组讨论，分析问题思路较宽。案例分析基本完整，能结合所学理论知识解答问题。

项目 6

高速铁路旅客伤病的应急处置

【知识目标】

- 了解红十字药箱的药品、器械及材料配备。
- 掌握现代创伤救护技术。
- 掌握心肺复苏术。

【技能目标】

- 能够根据现代创伤救护技术来完成相关工作；
- 能够规范地完成心肺复苏过程；
- 能够根据高速铁路旅客常见伤病进行应急处置。

【学习重点及难点】

- 学习重点：口服药、外用药、红十字药箱的药品、器械及材料配备。
- 学习难点：现代创伤救护技术、心肺复苏、高速铁路旅客常见伤病及应急处置措施。

【本章知识结构图】

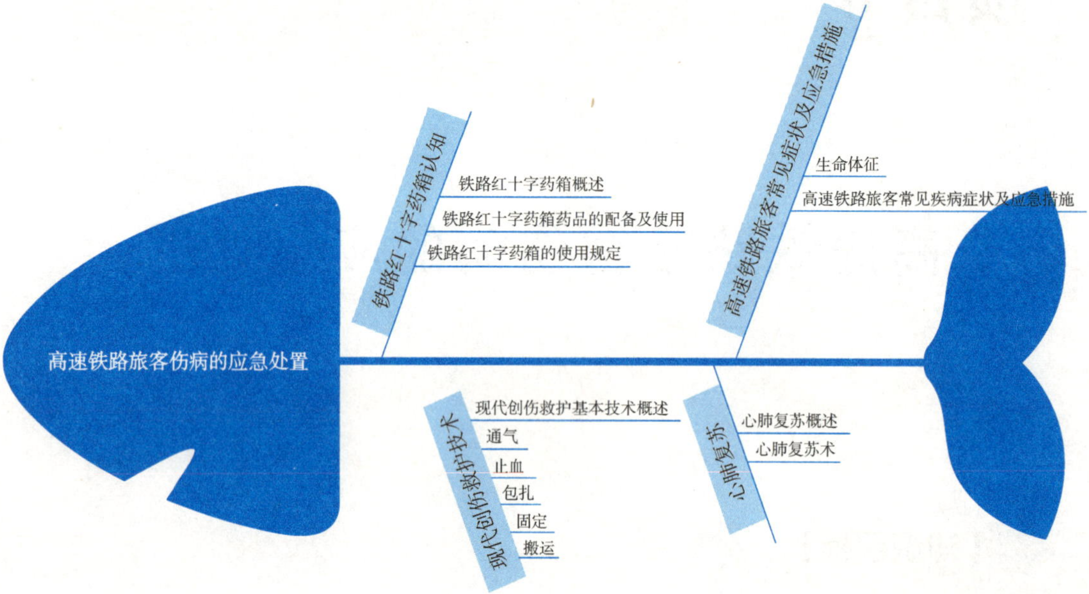

6.1 铁路红十字药箱认知

6.1.1 铁路红十字药箱概述

根据中华人民共和国铁道行业标准《铁路红十字药箱配备标准及使用原则》（TB/T 3234—2010）规定，为了应对旅客或铁路职工突发疾病或意外伤害，相关铁路部门应该配备有红十字药箱。

1. 铁路红十字药箱的概念

在旅客列车、客运车站及沿线小站、工区，旅客或铁路职工突发疾病或意外伤害时，用于应急救助的、便于携带的、装有非处方药品与器械的药箱便是铁路红十字药箱（以下简称药箱）。

2. 铁路红十字药箱的配备原则

（1）铁路红十字药箱内的药品配置应该是国家基本药物范围内的常用、安全、方便、有效的非处方药品、消毒剂及临床常用的诊疗用具。

（2）非处方药品应包括治疗突发性心血管疾病、高热、咳喘、腹泻、眩晕、过敏、疼痛、外伤出血的药品。

（3）根据配置情况，将药箱分为甲、乙、丙三类。

（4）药品配置数量由管理单位根据使用情况配备。

3. 非处方药品

非处方药品（over the counter，OTC）是指消费者可不持医生处方，直接从药房或药店购买的药品，是无须医疗专业人员指导就能安全使用的药品。非处方药品在药品包装盒上有 OTC 标识。

4. 铁路红十字药箱配置

（1）甲类药箱配置在单程全程运行时间超过 4 h、运行区间超过 1 h 或总运行距离超过 1 000 km 的旅客列车上。

（2）乙类药箱配置在客运车站或达不到上述条件的旅客列车上。

（3）丙类药箱配置在沿线小站、工区（指交通不便、缺乏医疗条件、偏远的车站、工区，一般指四等以下车站）。

（4）各铁路局根据本局旅客列车使用药品及器械的情况可适当增加药品及器械的配置数量。

5. 铁路红十字药箱管理

1）放置地点与标识

旅客列车红十字药箱放置于列车医疗点，客运车站红十字药箱放置于候车室，工区放置于方便使用的地方。放置红十字药箱的位置应设置紧急救护标识，明示紧急救护设施。紧急救护标识和药箱外标识统一使用红十字标识（见图 6-1）。

图 6-1　红十字标识

2）使用证和清单目录

每个药箱内应有铁路红十字药箱使用证和清单目录，使用证应有发证机构盖章，清单目录包括药品品名、数量及有效期。铁路红十字药箱使用证如图 6-2 所示。

3）管理人员

药箱由经过初级及以上红十字救护培训并取得合格证的红十字救护员专人负责管理，并及时检查药品的完整性和有效期，上级管理部门适时对药箱的使用情况进行检查与指导。

铁路红十字药箱使用证

单位名称：
使用地址：
适用范围：旅客或铁路职工突发急病或创伤时，简易救治免费使用。
发证机关：　　　　（盖章）

图 6-2　铁路红十字药箱使用证

4）药品回收

使用单位不得随意丢弃过期药品，而应做好登记，交回给配备部门，由配备部门交回医药部门集中销毁，以防流入非法渠道。

6.1.2 铁路红十字药箱药品的配备及使用

根据药品的配置情况，铁路红十字药箱分为甲、乙、丙三类。

1. 甲类药箱

1）药品类

(1) 口服药。

① 感冒、退热、止咳化痰类：氨咖黄敏胶囊 5 盒，小儿氨酚黄那敏颗粒 1 盒、美酚伪麻片 1 盒、羧甲司坦片 1 盒。

② 心血管类：速效救心丸 1 瓶。

③ 平喘类：二羟丙茶碱片 1 盒。

④ 止泻类：盐酸小檗碱片 1 瓶、口服补液盐 1 袋。

⑤ 抗过敏类：盐酸异丙嗪片 1 盒。

⑥ 抗眩晕类：氢溴酸东莨菪碱（贴）片 1 盒。

⑦ 其他：云南白药 1 盒、藿香正气丸 1 盒。

(2) 外用药。

① 退热（类）：小儿退热贴 1 盒、小儿布洛芬栓 1 盒。

② 外伤类：湿润烧伤膏 1 支、碘伏 1 瓶、苯扎氯铵贴 1 盒。

③ 其他：清凉油 1 盒，松节油搽剂 1 瓶。

2）器械类

表式袖带血压计 1 台、听诊器 1 个、体温计 2 支、袖珍手电筒 1 个、大剪刀 1 把、16 cm弯头和直头止血钳各 1 把、12 cm 直镊子 1 把、消毒棉（签、球）若干、医用胶带 1 卷、三角巾 4 个、无菌纱布 1 包、无菌绷带 1 轴、弹力绷带 1 卷、橡胶止血带 3 根、保护带 2 条、无菌手套 3 副、呼吸面膜 2 片、一次性压舌板 4 片、一次性产包 1 个、一次性连体防护服 3 件、一次性口罩 6 个。

3）消毒剂

含氯消毒片剂或粉剂1瓶/包，其用于环境及物品消毒，须单独放置。

2. 乙类药箱

乙类药箱配备参照甲类药箱，器械类不配置保护带、一次性产包，其他药品和器械数量与甲类药箱相比可酌情减少。

3. 丙类药箱

1）药品类

（1）口服药。

① 感冒、退热、止咳化痰类：氨咖黄敏胶囊5盒、美酚伪麻片2盒、羧甲司坦片2盒、复方甘草片1瓶。

② 心血管类：速效救心丸1瓶。

③ 平喘类：二羟丙茶碱片1盒。

④ 胃肠道类：多潘立酮片1盒、盐酸小檗碱片1瓶、口服补液盐2袋、氢氧化铝复方剂1袋。

⑤ 抗过敏类：盐酸异丙嗪片1盒。

⑥ 抗眩晕类：氢溴酸东莨菪碱（贴）片1盒。

⑦ 其他：云南白药1盒、蛇药片1盒、藿香正气丸1盒。

（2）外用药。

① 外伤类：湿润烧伤膏1支、碘伏1瓶、苯扎氯铵贴1盒。

② 其他：氯霉素滴眼液3支、驱风油1瓶、复方丁香罗勒油（红花油）1瓶、松节油搽剂1瓶、伤湿止痛膏1盒。

2）器械类

血压计1台、听诊器1个、体温计2支、袖珍手电筒1个、大剪刀1把、16 cm弯头止血钳1把、消毒棉（签、球）若干、医用胶带1卷、三角巾2个、无菌纱布1包、无菌绷带1轴、弹力绷带1卷、橡胶止血带2根、无菌手套2副。

3）消毒剂

含氯消毒片剂或粉剂1瓶/包，其用于环境及物品消毒，须单独放置。

6.1.3 铁路红十字药箱的使用规定

1. 旅客列车使用规定

在铁路旅客列车上遇到旅客患病时，可以通过列车广播向旅客中的医务工作者求助，列车红十字救护员立即携带药箱到达现场，并对伤病员及时实施初步救护，红十字救护员在实行紧急救护时应将有关情况告知患者及同行旅客。箱内药品与器械限于在旅客列车运行中，车上人员突发疾病或创伤时简易救治，红十字救护员使用药品和器械后应当客观、翔实地填写《药械使用登记表》。登记表应包含使用日期、药品名称、数量、发放人签名和使用人签名。

2. 客运车站使用规定

在车站遇到旅客患急重症需要紧急抢救时，应旅客要求或本人已神志不清时应立即联系120急救中心。在120救护车到来之前，车站红十字救护员立即携带药箱到达现场，并对伤病员及时实施初步救护，同时通过车站广播向旅客中的医务工作者求助。红十字救护员在实行紧急救护时应将有关情况告知患者及同行旅客。药箱内药品与器械限于在旅客候车期间突发疾病或创伤时简易救治，红十字救护员使用药品和器械后应当客观、翔实地填写《药械使用登记表》。登记表应包含使用日期、药品名称、数量、发放人签名和使用人签名。

3. 沿线小站、工区使用规定

药箱内药品和器械限于职工工作期间突发疾病或创伤时简易救治，使用药品和器械后应当客观、翔实地填写《药械使用登记表》。登记表应包含使用日期、药品名称、数量、发放人签名和使用人签名。

4. 补充药品和器械规定

各管理单位每月补充药械时，应携带上月的《药械使用登记表》及《药械补充申领表》，列车红十字药箱内的药品和器械每次使用消耗后，应在返乘时及时向客运段申领补充，确保在出乘时药品和器械齐全。其他单位红十字药箱内的药械每月补充一次，如有特殊情况药品和器械用完可随时申请补充。

6.2 现代创伤救护技术

6.2.1 现代创伤救护基本技术概述

创伤是致伤因素作用下造成的人体组织损伤和功能障碍，创伤轻者发生体表损伤，引起疼痛或出血；重者发生功能障碍、致残，甚至死亡。致伤因素有机械因素，如车祸、塌方、刀扎、枪伤等；物理因素，如烧伤、冻伤、电击、射线等；化学因素，如酸、碱、毒气等；生物因素，如毒蛇、昆虫等。

现代创伤以严重创伤、多发伤和同时多人受伤为特点。严重创伤可造成心、脑、肺和脊髓等重要脏器功能障碍，出血过多会导致休克甚至死亡。创伤现场救护要求快速、正确、有效。正确的现场救护能挽救病人生命、防止损伤加重和减轻病人痛苦，反之可加重病人损伤，造成不可挽回的损失，乃至危及生命。因此，普及创伤现场救护知识和技术十分重要。

灾害事故创伤现场紧急救护是最直接、最实用的医疗行为，它包含创伤急救的五大基本技术。这五大技术按其紧急和迫切程度，依次为通气、止血、包扎、固定和搬运。

在创伤急救的五大基本技术中，保持呼吸道通畅和止住威胁生命的出血是最重要的。尽管业界对不同处理方式有争议，但无论何时，只要伤病员需要，哪怕是非医务人员，都应在现场解除伤病员呼吸障碍的观点是已得到共识的。在呼吸停止时做口对口人工呼吸，并迅速找到呼吸障碍的原因，消除窒息；对出现的已危及生命的体征，须持续地进行救治，包括持续的人工呼吸、必要的心脏按压，直到出现自主呼吸和心跳等主要生命功能时为止。在解除伤病员呼吸障碍的同时，对威胁生命的大出血也要及时控制。

1. 现场救护的目的

创伤一般为突发事件，现场条件差，这给救护工作带来困难。明确现场救护的目的，有助于迅速选择救护方法，从而正确救护，防止因惊慌失措而延误抢救。

现场救护通常由“第一目击者”或非专业医疗机构急救工作人员完成，是转向医院进一步治疗的基础，其作用如下。

（1）抢救、延长病人的生命：创伤病人由于重要脏器损伤（心、脑、肺、肝、脾及脊髓损伤）及大出血导致休克时，可出现呼吸循环功能障碍。故在呼吸循环骤停时，现场救护人员要立即实施心肺脑复苏，维持病人生命，为医院进一步治疗赢得时间。

（2）减少出血，防止休克：严重创伤或大血管损伤时出血量大。血是生命的源泉，现场救护人员要迅速用一切可能的方法止血，有效的止血是现场救护的基本任务之一。

（3）保护伤口：开放性损伤的伤口要妥善包扎。保护伤口能预防和减少伤口污染，减少出血，保护组织免受进一步损伤。

（4）骨折固定：现场救护要用最简单有效的方法固定骨折部位。骨折部位固定能减少骨折端对神经、血管等组织结构的损伤，同时能缓解疼痛。颈椎骨折如给予妥善固定，能防止搬运过程中脊髓的损伤。

（5）防止并发症：现场救护过程中要注意防止脊髓损伤、止血带过紧造成肌体组织缺血坏死、胸外挤压用力过猛造成肋骨骨折，以及骨折部位固定不当造成血管神经损伤及皮肤损伤等并发症。

（6）快速转运：用最短的时间将病人安全转运到医院。

2. 现场救护原则

创伤会在各种突发事件情况下发生。创伤情况各种各样，现场救护要根据现场条件和伤情采取不同的救护措施。尽管如此，创伤的现场救护又有其共同的规律，救护人员需要掌握以下原则。

（1）树立整体意识，既全面又有重点地了解伤情，避免伤情遗漏，注意保护自身和病人的安全。

（2）先抢救生命，重点判断是否有意识、呼吸、心跳。如呼吸、心搏骤停，首先进行心肺脑复苏操作。

（3）检查伤情，快速、有效止血。

（4）优先包扎头部、胸部、腹部伤口以保护内脏，然后包扎四肢伤口。

（5）先固定颈部，然后固定四肢。

（6）操作迅速、平稳，防止损伤加重。

（7）尽可能佩戴个人防护用品，戴上医用手套或用多层纱布、干净布、塑料袋替代。

3. 现场检查与救护程序

1）现场检查

创伤救护首先要通过快速、简洁的现场检查对伤情进行正确的初步判断。

（1）检查病人意识。

（2）病人平卧位，救护人员双腿跪于病人右侧。

（3）检查呼吸、循环体征。

（4）检查伤口，观察伤口部位、大小、出血情况。

（5）检查头部，用手轻摸头颅，检查有无出血、骨折、肿胀；注意检查耳道、鼻孔有无血液或脊液流出，如有，则可初步判断是颅骨骨折。

（6）检查脊柱及脊髓功能。让病人活动手指和脚趾，如无反应，则判断为瘫痪。

（7）保持病人平卧位，用手指从上到下按压颈部后正中，询问是否有疼痛，如有，则初步判断是颈椎骨折；让病人保持脊柱轴线位侧翻，用手指从上到下沿后正中线按压，询问是否感觉疼痛，如有，则判断是脊柱骨折。

（8）检查胸部，询问病人疼痛部位，观察胸部的呼吸运动情况。救护人员双手放在病人的胸部两侧，然后稍加用力挤压病人胸部，如有疼痛，则判断是肋骨骨折。

（9）检查腹部，观察有无伤口、内脏脱出，确认腹部压痛部位。

（10）检查骨盆，询问疼痛部位，双手挤压病人的骨盆两侧，如有疼痛，则判断是骨盆骨折。

（11）检查四肢，询问疼痛所在部位，观察是否有肿胀、畸形。让病人手握腕部或踝部轻轻做动作，观察是否有异常，如有异常，则判断是骨折。

2）现场救护程序

创伤作为突发性事件，现场救护情况错综复杂，尤其是同时有多人受伤、多发伤、复合伤等严重创伤情况下，现场救护需要快速、有效、有的放矢、有条不紊地进行。下列程序有利于救护人员做到以上几点。

（1）了解致伤因素，判断危险是否已解除。

（2）及时呼救，拨打急救电话。

（3）观察救护环境，选择就近、安全、平坦的救护场地。

（4）按正确的搬运方法使病人脱离现场和危险环境。

（5）置病人于适合的体位。

（6）迅速判断伤情，首先判断神志、呼吸、心跳、脉搏是否正常，是否有大量出血，然后依次判断头、脊柱、胸部、腹部、骨盆、四肢的活动情况，确定受伤部位、伤口大小、出血多少，以及是否有骨折。如同时有多个病人，要做基础的检查分类，分清轻伤、重伤。

（7）有病人呼吸、心跳停止时，先抢救此类病人的生命，立即进行心肺复苏，如具备吸氧条件，应立即安排病人吸氧。

（8）有大血管损伤出血时，立即止血。

（9）包扎伤口，优先包扎头部，胸部、腹部伤口，然后包扎四肢伤口。

（10）有四肢瘫痪情况，怀疑有颈椎骨折、脱位时，先固定颈部。

（11）固定四肢。

（12）迅速转运病人。

4. 创伤的主要类型

创伤的类型多种多样，全身各种组织、器官都可能受到创伤，其表现形式也各异。现场救护中应区分以下四种类型。

1）闭合性创伤

闭合性创伤多见于钝器伤、跌伤和撞伤，体表无伤口。受伤处肿胀、青紫，可伴有骨折及内脏损伤。由于骨折和内脏出血可能会出现休克，因此要给予足够的重视。由于闭合性创伤比较容易被忽视，在发生跌伤、撞伤后，往往需要进一步在医院检查。

2）开放性创伤

开放性创伤多见于锐器伤和其他严重创伤，体表有伤口，感染机会增加，失血较多。如有大动脉血管损伤，出血为喷射性，短期内会出现休克，需要立即止血、包扎。应该给病人注射破伤风抗毒素，预防破伤风的发生。

3）多发伤

多发伤指同一致伤因素同时或相继造成一个以上部位的严重创伤。多发伤易导致组织、脏器严重损伤，死亡率高。现场救护要特别注意对呼吸、脉搏及脏器损伤的判断，防止延误伤情。

4）复合伤

复合伤是指由不同致伤原因同时或相继造成的不同性质的损伤，如撞击致伤的同时又被电茶炉的开水烫伤。复合伤增加了创伤的复杂性，现场救护要针对不同性质的损伤进行相应救护。

6.2.2 通气

不同事故的伤病员发生通气障碍的概率不一样，但要注意许多灾难事故的创伤伤病员都有可能出现呼吸异常。呼吸通道完全梗塞，甚至普通烟雾都会在几分钟内使创伤伤病员丧失生命。

在接近伤病员时，要立即判断伤病员的呼吸情况，只要伤病员存在呼吸障碍，就要尽快进行处理。

1. 清除呼吸道异物的常用方法

1）指扣咽喉法

指扣咽喉法如图6-3所示。

指扣咽喉法是清除呼吸道异物最常用的方法，如果发现伤病员口内有异物，可先使伤病员头扬起或将伤病员身体及头部同时侧转，迅速用一个手指或两个手指从口角处插入咽喉部将异物扣除，但操作中要切记防止将异物推到咽喉深部。

2）背击法

背击法如图6-4所示。

用手掌猛击伤病员两肩胛骨之间的脊柱，连续拍击数次。清醒的伤病员可以采取站立位或者坐位；如伤病员出现昏迷，则可以采取半俯卧位。击打时要一只手托在伤病员胸骨处，起支撑作用。

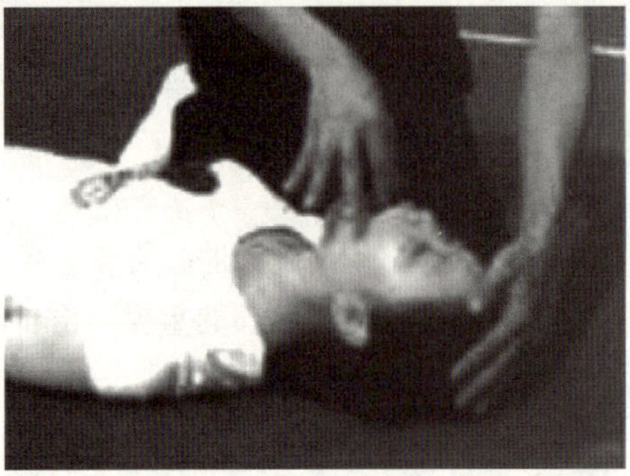

图 6-3 指扣咽喉法

图 6-4 背击法

3）推压腹部法

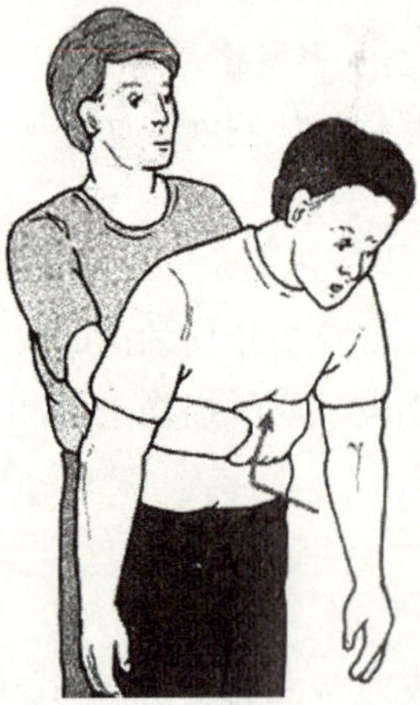

图 6-5 推压腹部法

推压腹部法如图 6-5 所示。

操作者用手推压上腹部或者下胸部（4~6 次），将空气从肺部压出，造成伤病员咳嗽，以除去异物。操作者也可站在伤病员后面，一手握拳抱住伤病员的腰部和肋骨下缘之间的腹部，一手按在拳头上，连续向腹内和胸部压 4~6 次。

4）自行腹部冲击法

气道梗塞者本人可一手握拳，用拳头拇指侧顶住腹部，另一手再握紧拳头，用力快速向内、向上使拳头冲击腹部。如果不成功，伤病员应快速将上腹部抵压在一个硬质的物体上，如椅背、桌沿、走廊护栏，用力冲击腹部，直到把气道异物排除。

2. 解除舌后坠所造成的呼吸道梗塞的常用方法

1）头后仰，颈上托法

用一手放在伤病员的额上，使头往后倾，另一手则将颈部往上托。伤病员的肩背下放一个枕垫，可使头易于后仰，但要注意不要把物品垫在头下，因为这样会使伤病员头部抬高前倾，加重气道梗塞。有颈部伤，尤其是颈椎骨折的伤病员，则不可用此法。

2）头仰后，下颌上托法

先将伤病员头稍向后仰，然后将两手放在下颌的两侧，将下颌推向前上方。

3）头后仰，下颌上提法

先将伤病员头后仰，用手将下颌向上提，并用拇指掰开下唇。

4）插入通气管法

在上述方法不能保证呼吸道通畅时，可使用通气管。

3. 口对口人工呼吸方法

详见本项目任务 3 的心肺复苏术部分。

6.2.3　止血

出血是创伤尤其是撞击伤中的主要并发症和需要现场紧急处理的急症，大血管损伤出血、心脏损伤出血，可导致立刻死亡。中等程度的出血，可导致休克或加重休克。因此，发生创伤时必须及时做好止血工作。

1. 出血的分类

1）按出血的部位分类

（1）外出血：体表可见的一切出血。

（2）内出血：血液溢入体腔或脏器内，如胸腔、腹腔或胃肠道出血等。

2）按损伤的血管分类

（1）动脉出血：外溢的血液为鲜红色，呈喷射状，在出血的近端加压即能减少或停止出血。

（2）静脉出血：外溢的血液为暗红色，从血管裂口的远端较缓慢流出。

（3）毛细血管：少量外溢血液从伤口渗出。

2. 止血方法

1）临时指压止血法

临时指压止血法是创伤现场最常用的止血救护方法之一。根据动脉的走行，用手指、手掌或拳头压迫伤口以上的动脉来减少出血。选择的压迫点应当在动脉径路的表浅部位，比如压迫颈动脉（见图 6-6）、压迫肱动脉（见图 6-7）、压迫腘动脉（见图 6-8）等，按压时注意压向骨骼才有效。

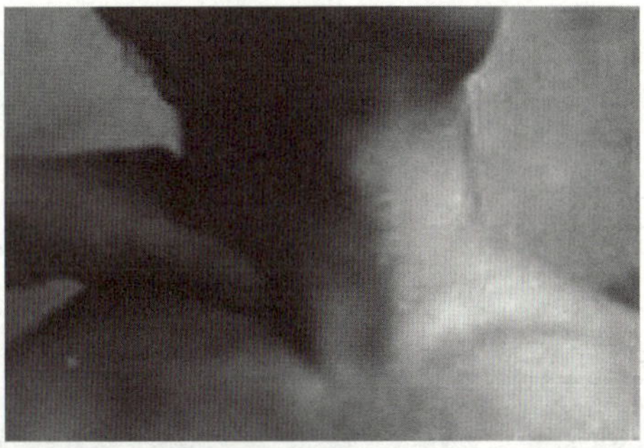

图 6-6　压迫颈动脉

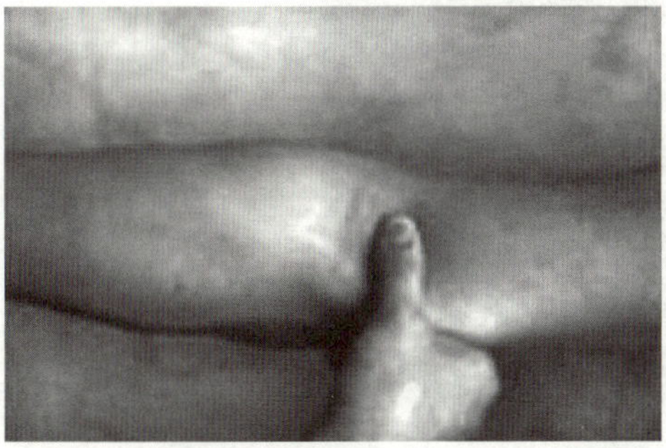

图 6-7　压迫肱动脉

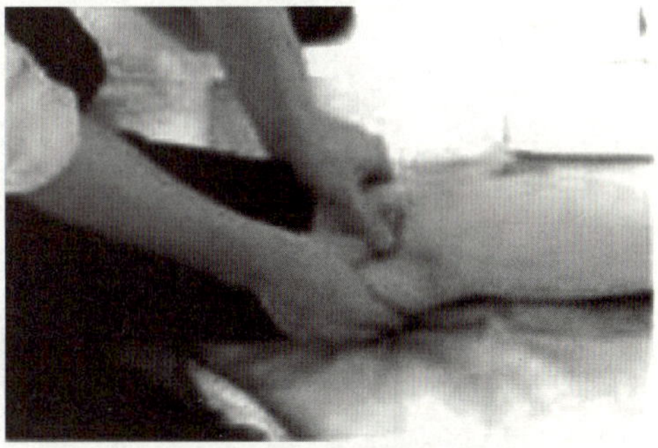

图 6-8　压迫腘动脉

2）加压包扎止血法

加压包扎止血法是用已经消毒的纱布垫、急救包，折成比伤口稍大的敷料，覆盖住伤口，再用纱布、三角巾、四头带或绷带等，做适当包扎，其松紧度以能达到止血的目的为宜。加压包扎止血法对于中小动脉及毛细血管出血，能起到很好的效果，是常用的一种止血法。用清洁纱布遮盖伤口如图 6-9 所示，伤口加压包扎如图 6-10 所示。

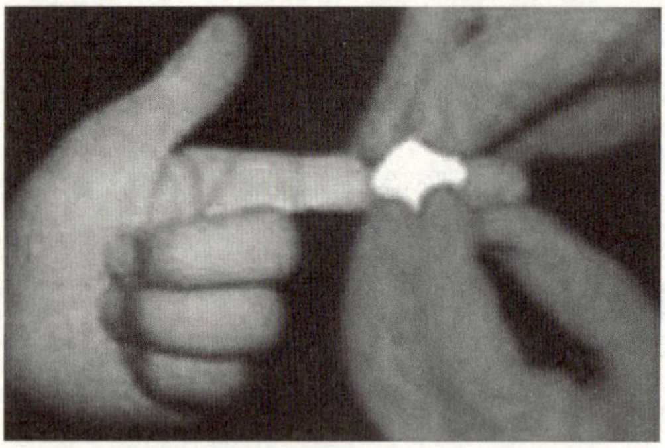

图 6-9　用清洁纱布遮盖伤口

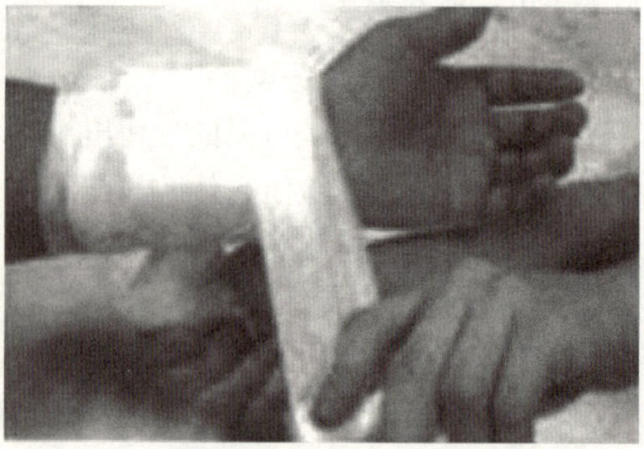

图 6-10　伤口加压包扎

3）填塞止血法

填塞止血法是用急救包、棉垫或消毒的纱布填塞在伤口内，再用加压包扎法包扎，也可在填塞后将皮肤缝几针。填塞止血法使用的范围有限，一般只用于大腿根、腋窝、肩部伤口等处的止血或用于深部软组织损伤，要严格掌握适应症。

4）抬高肢体止血法

抬高肢体止血法为临时应急措施，止血效果不可靠，尤其是动脉出血时常常不能达到止血目的。

5）强屈关节止血法

先在关节屈侧动脉的走行部位垫棉垫，通过屈曲关节使肢体远端压迫棉垫，从而达到压迫止血的目的。此法常用于肘关节和膝关节，在肘窝或腘窝处放置较大的纱布或棉垫，再将关节屈曲，缚于弯曲位置，以止住前臂或小腿的出血。强屈关节止血法如图 6-11 所示。

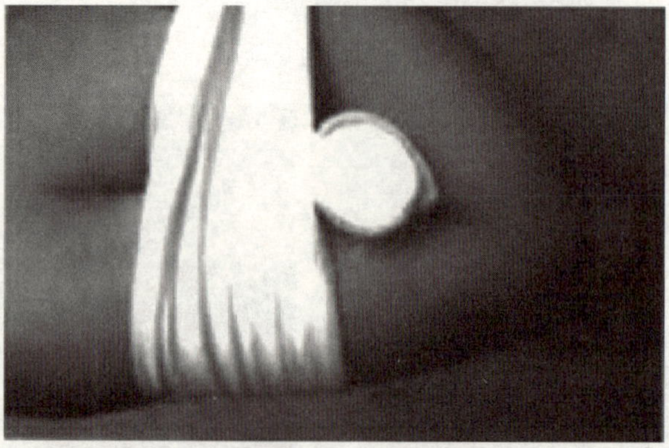

图 6-11　强屈关节止血法

6）止血带止血法

止血带，一般适用于四肢大动脉的出血。它是大血管出血时挽救生命的重要手段，但用得不当也可出现很多严重的并发症，如肢体缺血坏死、急性肾功能衰竭等。使用止血带要注意使用场合和方法，不要因为使用不当而造成严重后果。

（1）使用止血带注意事项。

① 止血带的使用部位要准确：止血带要缠在伤口上方、尽量靠近伤口，不可直接缠在皮肤上，使用时必须要有衬垫，用三角巾、毛巾、衣服等均可做成较平整的衬垫。

② 止血带的松紧要合适：止血带的松紧应该以出血停止、远端不能摸到脉搏为合适，不可过松。过松时常只压住静脉，使静脉血流受阻，动脉未被压制，动脉血流来源未断，形成血流有来无回，反而会加重出血。

③ 止血带的使用时间要适当：原则上应尽量缩短使用止血带的时间，通常止血带可允许使用 1 h 左右，最长不超过 3 h。

④ 止血带上要有明显的标记，注明止血带开始使用的时间和部位。

⑤ 使用止血带的伤病员要尽快送往医院，进行专业的手术处理。

（2）止血带的类型。

① 橡胶管止血带：常用弹性较大的橡胶管制成。

② 充气止血带：常用宽平的橡胶膜制成。内层可以充气，并附有压力表，是目前四肢手术中应用较多的一种止血带。

③ 弹性橡胶止血带：用宽 5 cm 的弹性橡胶制成，可临时用汽车和自行车旧内胎裁成。

④ 临时代用止血带：三角巾、布条、皮带等。

（3）止血带的使用方法。

① 紧扎止血带。本法常在四肢动脉出血时采用，将绷带、带状布条或三角巾叠成带状，勒紧伤口上部止血。第一道绕扎为衬垫，第二道压在第一道上面，并适当勒紧，以达到止血目的。

② 绞紧止血带。在没有制式止血带时可用此法，先把叠成带状的三角巾平整地绕肢体一周，两头左右交叉打活结，并在一头留成一小套。然后取一根小木棒穿在活结下，稍上提绞紧，再把木棒的一头插入小套内，并把小套拉紧固定即可。

③ 压紧止血带，先在相关部位用三角巾、毛巾或衣服垫好，然后取止血带中的一段适当拉紧、拉长，绕肢体 2~3 圈，使止血带末端压在紧缠的止血带下面固定即可。压紧止血带如图 6-12所示。

6.2.4　包扎

所有开放伤的伤口都是易感染伤口，为了防止伤病员的伤口再次感染，要及时进行包扎，包扎时要将伤口全部覆盖。包扎伤口还可以起到压迫止血的作用，为伤病员的救护创造良好条件。到医院后，对伤口要严格采用无菌技术处理。

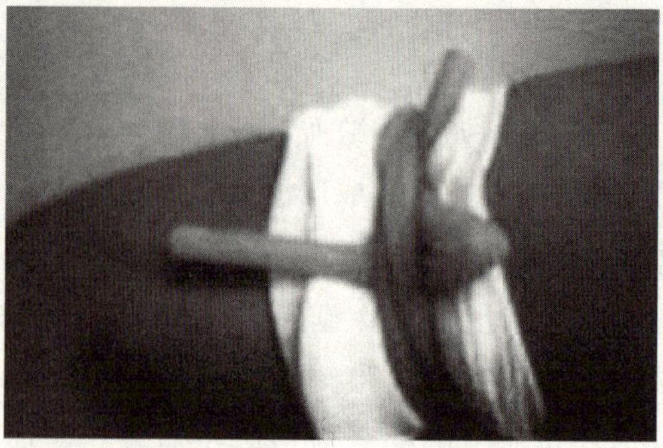

图 6-12 压紧止血带

1. 常用包扎材料

1）三角巾

三角巾制作简单，使用方便，包扎面积大。三角巾还可折成带状巾、燕尾巾、连双燕尾巾等。使用三角巾，两底角打结时应为外科结，这样比较牢固。解除时将其一侧边和其底角拉直，即可迅速地解开。

2）急救包

急救包有几种，如四头带急数包、三角巾急救包、卷轴带式急救包等，应按伤口部位的实际需要选择使用。

3）绷带

绷带适用于头颈及四肢的包扎。可随部位的不同选择适当的包扎方法，使用适当的拉力，将保护伤口的敷料通过绷带固定并达到加压、止血的目的。

2. 常见的包扎方法

1）环形法

将绷带做环形重叠缠绕。第一圈稍做斜状缠绕，第二、三圈做环形缠绕，并将第一圈之斜出一角压于环形圈内，最后用橡胶膏将带尾固定，也可将带尾剪开两头打结。此法是各种绷带包扎法中最基本的方法，多用于手腕、肢体等部位。

2）蛇形法

先将绷带按环形法缠绕数圈。按绷带的宽度作间隔斜形上缠或下缠。

3）螺旋形法

先将绷带按环形法缠绕数圈。上缠每圈盖住前圈的 1/3 或 2/3，呈螺旋形。

4）螺旋反折法

先将绷带按环形法缠绕数圈，再用螺旋形法缠绕，等缠到渐粗处后，将每圈绷带反折，盖住前圈的 1/3 或 2/3，依次由上而下地缠绕。

5）8 字形法

在关节弯曲的上方、下方，先用绷带由下而上缠绕；再由上而下成 8 字形地来回缠绕。

前臂伤口包扎如图 6-13 所示。小腿外伤包扎如图 6-14 所示。

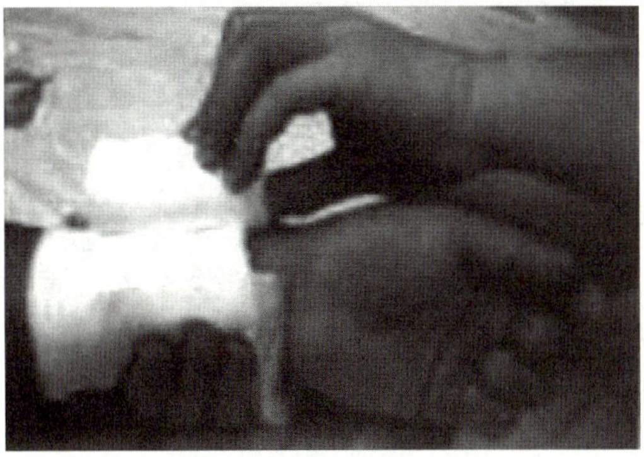

图 6-13　前臂伤口包扎

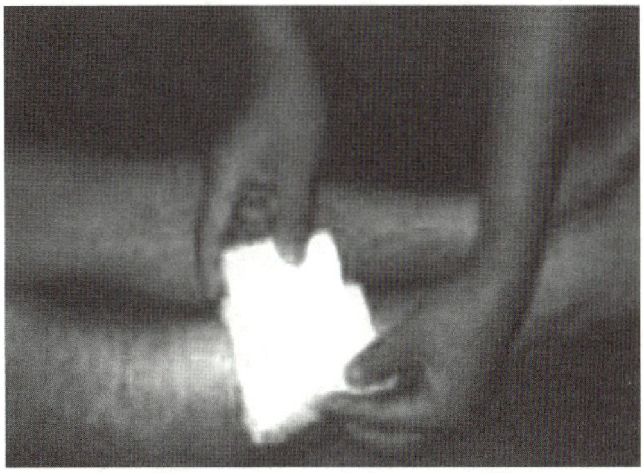

图 6-14　小腿外伤包扎

6.2.5　固定

对创伤伤病员进行必要的固定是非常重要的，不但四肢骨折需要固定，脊柱和骨盆骨折也需要固定。脊柱是否需要固定，首要要考虑的因素是受伤机制。任何可能导致脊椎受损的钝性或锐性损伤都是脊柱固定的指征，昏迷伤病员建议施行脊柱固定。躯干部的高速贯通伤可能伤及胸椎或腰椎，也应考虑脊柱固定。脊柱固定病人可产生继发性疼痛，尤其是长时间固定时更易发生，因此需要密切观察伤者的表情及状态。骨折经临时固定后，可防止骨折断端损伤周围的血管、神经及重要器官，减轻伤病员的痛苦，有利于伤病员的搬运。

1. 骨折的判断

事故现场急救时，因条件所限，常常只能用简单的方法判断是否有骨折伤。有下列表现，可能为骨折伤。

（1）用手指轻按伤处，出现疼痛加剧或可摸到骨折断端，搬运时疼痛更加剧烈。

（2）受伤部位或伤肢已变形，伤肢较健肢已有明显缩短或明显弯曲，或者肢体存在位置异常。

（3）受伤部位有明显肿胀，肢体不能活动或有活动性疼痛。

（4）稍移动肢体，骨折段有骨摩擦声，但不要为了检查骨摩擦声而多次试验搬移骨折肢体，以免增加伤病员痛苦或导致并发症（如刺伤血管、神经等）。

2. 固定方法

骨折的固定方法很多，固定用材料也多种多样，但其可简单分为外固定和内固定两种。

1）外固定

（1）无创外固定。

无创外固定是事故现场紧急救护伤病员最常用的方法。可以将患肢固定在健肢上（见图 6-15）。也可使用材料固定，所用材料主要有夹板和支架，包括木制夹板、塑料夹板、充气夹板。无创外固定主要用于临时固定。使用夹板固定如图 6-16 所示。

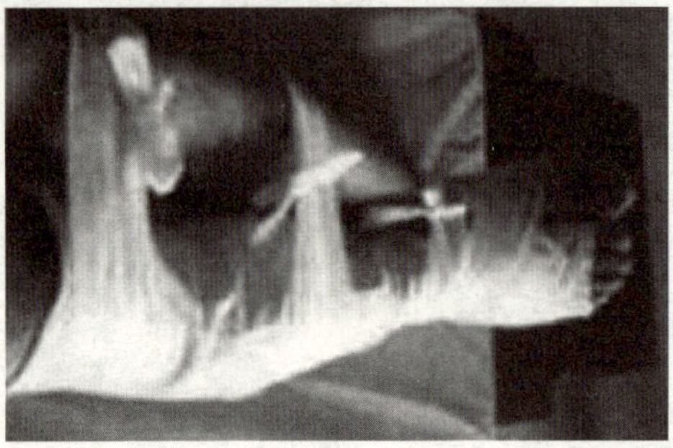

图 6-15　将患肢固定在健肢上

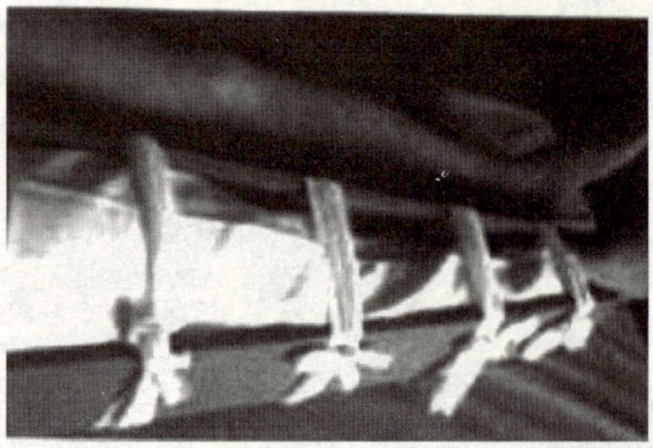

图 6-16　使用夹板固定

（2）有创外固定。

有创外固定既可以作为临时固定，又可以作为骨折的最终固定治疗。

2）内固定

内固定一般在医院内操作，不作为事故现场的紧急救护方法。

6. 2. 6　搬运

事故现场搬运伤病员的目的在于及时迅速地把伤病员转移到安全的地方，防止致伤源持续致伤。及时、安全地转运伤病员，也是抢救创伤伤病员的关键步骤之一。

1. 搬运的注意事项

（1）在抢救伤病员的具体过程中，常遇的问题是先“抢”后“救”还是先“救”后“抢”，这要根据实际情况而决定，不可机械地决策。

（2）在搬运处于休克状态的创伤伤病员时，要始终注意保持呼吸道通畅，必要时进行脊柱临时固定，外出血也应尽快控制。应设法建立输液通道并补充液体，同时应妥善覆盖和保暖，防止创伤伤病员体温过低。

（3）在运送伤病员的路上，要经常询问伤病员。特别是对有头、胸、腹、大腿伤的伤病员，更应细心观察，采用“一看、二摸、三听”的办法发现伤病员变化。一看，即看伤病员的脸色、表情、姿势、呼吸活动、伤口有无出血、肢端颜色、引流物的颜色数量、瞳孔大小等。二摸，即摸伤病员的头部、指端（感受温度、湿度），通过摸来判断伤病员脉搏的频率是否正常，绷带及包扎物松紧度如何。三听，即听伤病员有无呻吟，有无异常的声响，如吸吮音、喘鸣声。有的伤病员从烦躁呻吟逐渐进入安静或昏迷状态，但有的伤病员短时间内就过于安静，这都应引起高度重视。

（4）在事故的第一时间，现场人员首先需要对伤病员进行紧急救护包扎。如对急性呼吸道梗塞的伤病员清除口腔血块及异物，对四肢大血管损伤的伤病员止血，对躯下部位大出血的伤病员施行加压包扎，对开放性气胸伤病员进行气胸封闭包扎，对严重骨折部位进行固定等。对下列伤病员应进行紧急抢救和优先运送：大出血或广泛渗血伤病员；胸背部开放伤伤病员；颅脑损伤出血伤病员；呼吸道损伤或烧伤伤病员；肢体大面积毁损伤伤病员；合并休克的腹部伤或多处伤伤病员等。

2. 搬运方法

1）徒手搬运法

（1）抱法。

抱伤病员时，一手托住伤病员的腰背部，另一手托住伤病员的大腿中下部。本法常常用于神志清醒的头部伤病员，有时还可叮嘱伤病员抱住搬运者的颈项。

（2）背法。

救护人员要站在伤病员的前面，使伤病员伏在救护人员的肩背上，并让伤病员的双手抱住救护人员的胸部。同时，用手向后抱伤病员的腿或臀都，也可勾住伤病员的双膝。

（3）拖法。

利用担架、雨衣、雨布，将伤病员拖离一些特殊的环境。

（4）双人徒手搬运法。

两位救护人员面对面站立，并相互抓紧手。给伤病员制造出一个座位，让伤病员在上面坐或半躺着，伤病员的双臂要搂着搬运者的颈。本法多用于头部受伤而无颅脑伤的伤病员，对有脊柱、脊髓伤的伤病员不宜用此法搬运。双人徒手搬运法如图 6-17 所示。

图 6-17　双人徒手搬运法

2）担架搬运法

采用担架运输伤病员时，让伤病员躺卧，有害影响小，此法尤其适用于各类重伤伤病员的运输。简易担架可以就地取材，临时制作，非常适合在野外和场地内部搬运伤病员。

（1）将一般的伤病员搬上担架的做法：两名担架员单膝跪下，一人用手托住伤病员的头部和肩部，另一手托住腰；另一人用手托住伤病员的骨盆部，另一手托住伤病员的膝下。伤病员清醒且上肢没有受伤时，可用手及腕部勾住靠头部一侧担架员的颈部，两名担架员同时起立，将伤病员轻放于担架上。

（2）脊柱骨折的伤病员上担架时，应特别注意防止损伤脊髓，对颈椎尤其要注意，搬运中不小心可能造成伤病员立即死亡。上担架时，应有三至四人一起搬运。一人进行头部的牵引固定，使头部保持与躯干部成直线的位置，维持颈部不动；其余三人蹲在伤病员的同一侧，两人托住躯干，一人托住下肢，一齐起立，将伤病员轻放在担架上。

（3）胸腰部受伤的伤病员要由三至四名救护员搬运，救护员蹲在伤病员的同一侧，一人托住肩胛部，两人扶住腰部和臀部，另一人扶住伸直且并拢的两下肢，同时起立把伤病员抬到担架上。如仅一人进行搬运，也应该做到从一侧把胸部和骨盆部连成一块，把伤病员“滚”到担架上。

（4）伤病员在担架上的体位对伤情有一定的影响。一般重伤、中等伤的伤病员应取平卧位；胸部伤呼吸困难的伤病员应取半卧位；颅脑伤、颌面部伤的伤病员应使头转向一侧，以防舌根后坠引起窒息。昏迷的伤病员还可采取俯侧中间位，颈椎骨折伤病员应取仰卧位，在颈下放一小枕。为防止头部左右摇摆，要用软垫或沙袋在头部两侧固定。

（5）抬担架行进时，要不时观察伤病员的面部表情、脸色及呼吸。上下坡时应特别注意不使担架过于倾斜。运送带输液管、输液瓶和引流瓶的伤病员时，应注意保护输液管、输液瓶和引流瓶，并注意观察伤病员面部及呼吸动作。

（6）对烦躁不安的伤病员，手足可适当用布带约束。防止其滚下担架造成跌伤。

6.3 心肺复苏

6.3.1 心肺复苏概述

心脏骤停是死亡的主要原因之一，而心肺复苏则是有效的治疗措施。20 世纪中叶，人类对于心肺复苏（CPR）的研究取得了较大的进步，并推广到临床应用，成为广大临床医务工作者、救护人员所掌握的一种科学方法，使很多心脏骤停的伤病员“死而复生”。

苏联神经外科医师 Negovsky 在 1936 年首先提出“复生”，对濒死状态、终末状态和临床死亡进行重要的病理生理学研究。Negovsky 领导实验室团队成功地建立了 CPR 动物模型，并在动物身上进行了胸外按压和电除颤，但是当时并未将这些研究成果推广并应用到临床中。

Zoll 和 Kouwenhoven 在 1954 年成功地研究出体外电休克除颤技术，1956 年 Zoll 首次报道应用电除颤技术成功抢救一例心室颤动伤病员。Kouwenhoven 于 1960 年实施胸外按压成功。20 世纪 50 年代医学界提出的口对口呼吸法（现代呼吸复苏）、体外电击除颤法，60 年代出现的胸外按压法，构成了现代心肺复苏术，之后医学界系统地提出了现代心肺复苏的基本程序即基础生命支持（BLS）、进一步生命支持（ALS）和长程生命支持（PIS）。

1. 心肺复苏与心脏骤停

1）心肺复苏概念

心肺复苏（CPR）指采用徒手或辅助设备来维持呼吸、心脏骤停伤病员人工循环和呼吸的最基本的抢救方法，包括胸外按压、开放气道、人工通气、电除颤及药物治疗等，其目的是尽快使自主循环恢复，最终确保脑神经功能完好。

2）心脏骤停

心脏骤停（SCA）是指各种原因导致的心脏射血功能突然停止，随即出现意识丧失、脉搏消失、呼吸停止，经过及时、有效的心肺复苏，部分伤病员可存活。心脏性猝死（SCD）指未能预料的于突发心脏症状 1 h 内发生的心脏原因死亡。心脏骤停不治是心脏性猝死最常见的直接死因。

心脏骤停常见的原因有以下几种。

（1）心肌损伤：冠心病、心肌病、心脏结构异常、瓣膜功能不全等。

（2）呼吸障碍：中枢神经系统疾病、神经肌肉接头疾病、中毒或代谢性脑病等通气不足；中枢神经系统疾病、气道异物梗塞、感染、创伤等导致的上呼吸道梗塞；哮喘、肺水肿、肺栓塞等呼吸衰竭。

（3）循环障碍：张力性气胸、心包填塞、肺栓塞等机械性梗塞；出血、脓毒症、神经源性休克等导致的有效循环血量过低。

（4）电解质等代谢紊乱。

（5）药物、毒品、一氧化碳等中毒。

（6）雷击、触电、低温或高温、淹溺等环境或意外因素。

心脏骤停的表现主要为典型“三联征”，包括突发意识丧失、呼吸停止和大动脉搏动消失，临床表现为以下几个方面：①突然摔倒，意识丧失，面色迅速变为苍白或青紫；②大动脉搏动消失，触摸不到颈、股动脉搏动；③呼吸停止或叹息样呼吸，继而停止；④双侧瞳孔散大；⑤因脑缺氧引起的抽搐和大小便失禁，随即全身松软。

心脏骤停的判定要点主要为意识突然丧失、大动脉（颈动脉和股动脉）摸不到搏动。此外，还可以根据呼吸停止或抽搐样呼吸（将面部贴近伤病员的鼻部，感觉呼吸时的气流；听伤病员是否有呼吸声；看胸廓有无起伏）、瞳孔散大固定（常于停搏后 45 s 才出现瞳孔散大、1~2 min 后才出现瞳孔固定；部分伤病员在心脏骤停后无瞳孔散大表现）、全身发绀等表现进行判定。

2. 生存链

现代救护“生存链”是近年来在国际上出现的一个重要的急救专用名词，但它很快被专家和公众接受。它是以“现场第一目击者”为开始，至专业急救人员到达进行抢救的一个系列环节而组成的“链”。“生存链”概念越普及，危急伤病员获救的成功率也就越高。

20 世纪 80 年代后，院外急救的重要性与普遍性逐渐为社会所认识。许多国家面临着一个相同而又急迫的问题：越来越多的危重病和急症，尤其是冠心病中的急性心肌梗死、严重心率失常、猝死、意外伤害事故，现场急救与否与病人生命得失攸关。

3. 心肺复苏的紧迫性

如果发现高速铁路旅客心跳、呼吸停止，需要尽快做出判断，根据情况尽快实施心肺复苏。这是因为心跳、呼吸的突然停止，会使全身重要脏器发生缺血、缺氧，尤其是大脑一旦缺血、缺氧 4~6 min，脑组织即可发生损伤，超过 10 min 即可发生不可恢复的脑损害。因此，最好是在旅客呼吸、心跳骤停的 4 min 之内进行心肺复苏。

6.3.2 心肺复苏术

1. 基本生命支持

基本生命支持包括胸外按压、开放气道、人工呼吸、电除颤等基本抢救技术方法，可以归纳为初级 C、A、B、D，即 C（circulation）——胸外按压；A（airway）——开放气道；B（breathing）——人工呼吸；D（defibrillation）——电除颤。基本生命支持用于发病或致伤现场，包括对病情判断评估和采用的其他抢救措施，目的是恢复心脏骤停旅客的自主循环。

2. 成人心肺复苏

1）检查意识、呼吸及脉搏

如果发现意识突然丧失倒地的旅客，急救人员首先要确定现场环境是否安全，如有危险因素要及时躲避或脱离危险，否则不能接触、移动伤病员。救护人员可以通过动作或声音刺激判断晕倒旅客有无意识，比如可以拍打旅客肩部并大声呼叫："先生，你怎么了?"然后观察旅客对声音和拍打是否有语音或动作反应。对于外界的刺激如果有反应的，则可以使其自动恢复体位；而无反应的旅客则应采取平卧位，立即实施心肺复苏（CPR）。需要注意的是，如果怀疑在摔倒的时候，旅客伴随有颈椎受伤，在翻转时应使其保持头颈部和躯干在一个轴面上，避免损伤脊髓，造成不可逆的伤害。

暴露晕迷旅客胸腹部，检查旅客是否有自主呼吸，观察有无胸腹部起伏，观察时间为5~10 s。传统上可以将检查步骤概括为"一看""二听""三感觉"，"听"和"感觉"即施救者将耳朵靠近伤病员口鼻部，用听呼吸气流声来感觉伤病员是否有自主呼吸。目前建议精简为"一看"，即检查有无胸腹部起伏。心脏骤停的早期会有叹息样呼吸，也称为濒死呼吸，这是无效呼吸。当判断晕倒的高速铁路旅客无呼吸或仅有叹息样呼吸时，应立即求助社会急诊医疗服务体系，并立即开始进行心肺复苏。

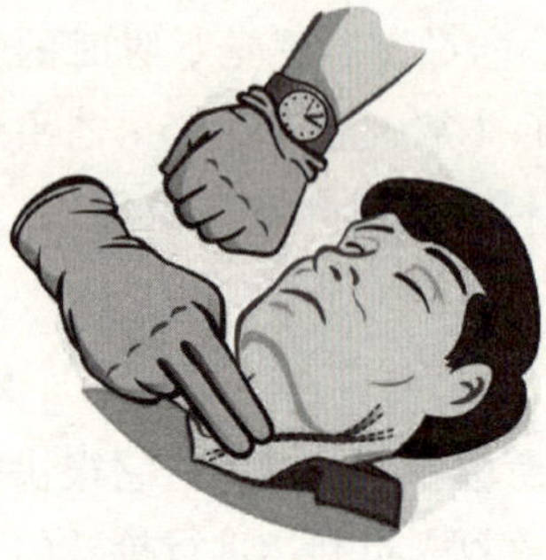

图 6-18 检查脉搏

如图 6-18 所示，一般以一手食指和中指触摸伤病员颈动脉以感觉有无搏动。如果急救人员在 10 s 内不能明确地触及脉搏，应立即开始胸外按压。目前已经有证据表明，急救人员即使花很长时间去检查脉搏也往往难以确定脉搏是否存在，现已不再强调检查脉搏的重要性。

2）立即呼救

（1）列车呼救。边抢救边将情况上报列车长，由列车长广播寻找列车上的医生旅客，并按规定程序通知有关部门并组织现场抢救。

（2）现场呼救。当判断伤病旅客意识丧失，应该寻求他人帮助，在原地高声呼救："快来人！有人晕倒了！"

3）救护体位

（1）心肺复苏体位。

为了便于施救者更好地采取心肺复苏等急救措施，对于呼吸、心跳骤停的高速铁路旅客，应该将其头面朝上，采用仰卧位，放在坚硬的平面上，手臂放置在身体两侧。心肺复苏体位如图 6-19 所示。

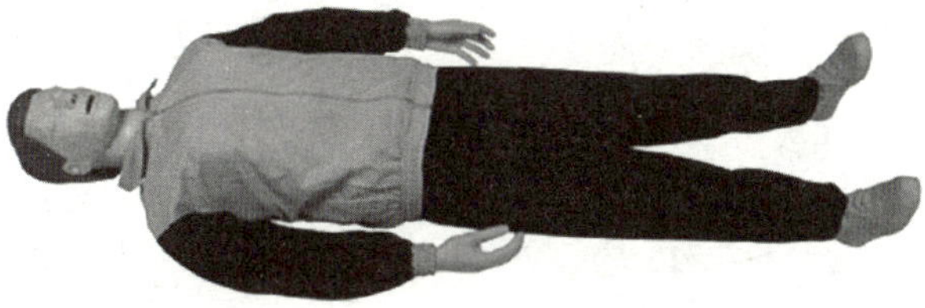

图 6-19 心肺复苏体位

（2）复原体位。

如果高速铁路旅客虽然没有明显的意识，但是有呼吸，此时可以采用侧卧体位，即复原体位，以便分泌物从口中流出。复原体位如图 6-20 所示。

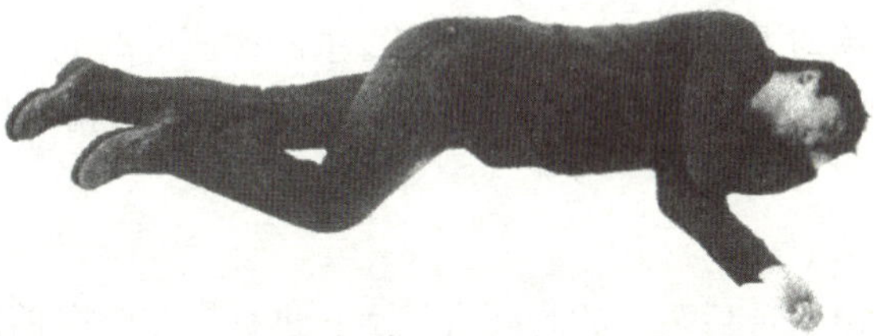

图 6-20 复原体位

操作时可以先将伤病员平放，让伤病员一手肘呈直角弯曲，另一手臂横放胸前，手背贴于脸颊侧。然后握着贴面的手臂，抓紧大腿外侧，提高膝部，将伤病员拉向自己。保持伤病员的侧卧，保持其头部后仰，大腿屈曲，防止身躯前倾，避免妨碍血液循环。如果怀疑伤病员脊椎受伤，非必要时不可轻易移动伤病员。

（3）救护员体位。

救护员在实施心肺复苏时，应根据现场具体情况，选择位于伤病员一侧，将两腿自然分开与肩同宽跪贴于（或立于）伤病员的肩、胸部，这样有利于实施操作。

4）胸外按压

胸外按压是通过直接按压心脏来增加胸腔内压力以驱动血流。有效的胸外按压能产生 60～80 mmHg 动脉压。

高质量的胸外按压，要求按压频率≥100 次/min；按压深度≥5 cm；保证按压后胸廓恢复原状。

（1）体位：心肺复苏时，伤病员以仰卧位平躺在坚实的平面上。

（2）如图 6-21 所示，按压部位在胸骨下 1/3 处，即乳头连线与胸骨交界处。

（3）如图 6-22 所示，按压时，急救者跪在伤病员身边，一个手掌根部置于按压部位，另一手掌根部叠放其上，双手指紧扣进行按压；身体稍前倾，使肩、肘、腕位于同一轴线上，与伤病员身体平面垂直，用上身重力按压，按压与放松时间相同，放松时手掌不离开胸壁。要“用力、快速”按压，但不得冲击式按压。

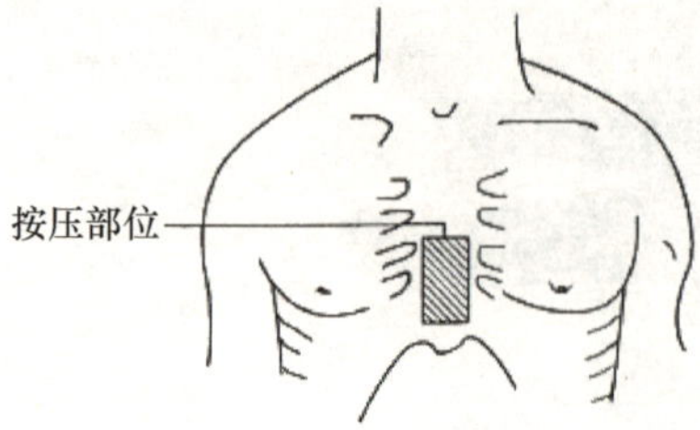

图 6-21 按压部位

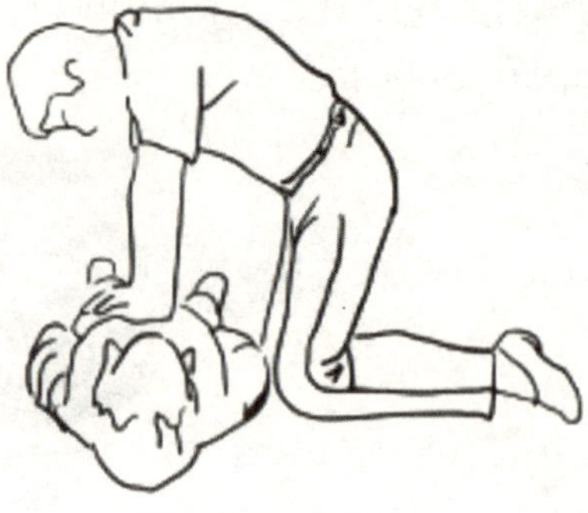

图 6-22 胸外按压

（4）按压/通气比：目前推荐的按压/通气比为 30∶2，每个周期为 5 组，时间大致为2 min。

（5）2 人以上协同做心肺复苏时，应每隔 2 min 交替做心肺复苏，以免按压者疲劳使按压质量和频率降低。轮换时要求动作快，尽量减少中断按压的时间。

（6）尽量减少因分析心律、检查脉搏和其他治疗措施中断胸外按压的时间，中断胸外按压时间须小于 10 s。

5）开放气道及人工通气

伤病员无意识时，由于舌后坠、软腭梗塞气道，进行人工呼吸前需要开放气道。

（1）开放气道方法。

① 仰头抬颏法。如高速铁路旅客头、颈部无明显的外伤时可使用此法。仰头抬颏法如图 6-23 所示。伤病员取仰卧位，急救者站在伤病员一侧，将一只手放置于伤病员前额部，用力使头后仰，另一只手食指和中指放置下颏骨部向上抬颏，使下颌尖、耳垂连线与地面垂直。

② 托颌法。托颌法在怀疑伤病员有颈椎受伤时使用。如图 6-24 所示，伤病员平躺，急救者位于伤病员头侧，两手拇指置于伤病员口角旁，其余四指托住伤病员下颌部位，在保证头部和颈部固定的前提下，用力将伤病员下颌向上抬起，使下齿高于上齿，但要避免搬动颈部。

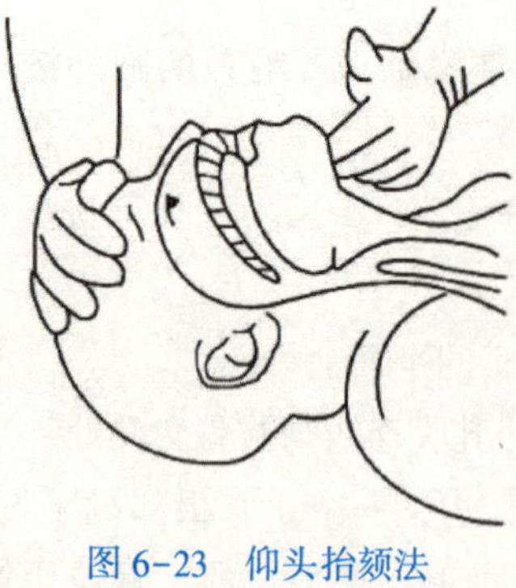

图 6-23 仰头抬颏法

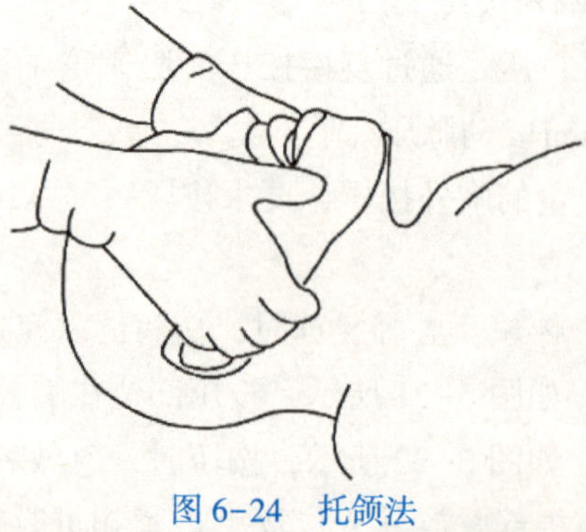

图 6-24 托颌法

（2）人工呼吸方法。

① 口对口呼吸。如图 6-25 所示，急救者正常呼吸，用食指和拇指捏住伤病员鼻翼，用

口封罩住伤病员的口唇将气吹入伤病员口中。

② 口对鼻呼吸。此法用于口唇受伤或牙关紧闭者，急救者稍上抬伤病员下颏使其口闭合，用口封罩住伤病员的鼻子，将气体吹入伤病员鼻中。

③ 口对导管通气。对气管切开的伤病员可通过导管进行人工呼吸。

④ 口对面罩通气。用面罩封住伤病员口鼻，通过连接管进行人工呼吸。

无论采用以上哪种方法，急救者每次吹气时间应持续 1 s，需能够看得到胸廓起伏。

图 6-25　口对口呼吸

3. 儿童心肺复苏

儿童根据年龄段划分为：1 个月以内的新生儿，1 岁以内的婴儿，1~8 岁的小儿。在解剖学特点上，小儿的解剖生理结构与成人相比有较大差异，因此在进行心肺复苏时需要了解和掌握这些差异特点，并针对不同年龄的患儿采用不同的复苏手法。8 岁以上儿童心肺复苏程序及方法基本同成人。

1）小儿心脏骤停的特点

小儿心脏骤停与成人相比，有其独特的特点。成人心脏骤停多因突发原因所致，小儿更多是呼吸功能障碍或是心血管功能恶化的结果，心脏骤停是继发的。小儿心脏骤停时大约有 78%是心电静息，其次为心动过缓，室性心律的发生率小于 10%，而成人心脏骤停多为心室颤动。因此，对非原发性心脏骤停的小儿旅客，早期更要注重呼吸支持，改善缺氧，其心脏复苏较成人复苏的时间更长。

2）小儿生存链的特点

小儿心肺复苏生存链的顺序与成人不同，其顺序依次为：（1）预防心脏停搏；（2）早期有效心肺复苏；（3）快速求助社会急诊医疗服务体系；（4）早期高级生命支持。

如果只有一位急救人员在现场时，对 8 岁以下的患儿应先给基本生命支持 1 min，之后再求助社会急诊医疗服务体系，即先急救、再求救，而 8 岁以上儿童则同成人，先求救、再急救。

3）小儿心肺复苏具体方法

（1）胸外按压。

1 岁以上小儿可触颈动脉搏动，婴儿由于颈部短而圆胖，可触及肱动脉或股动脉搏动，需要在 10 s 之内做出判断。如果无脉搏，立即进行胸外按压，按压时要向脊柱方向挤压胸骨，压迫心腔内血液排入主动脉。

常规情况下使用的双掌按压法，其适用于成人和 8 岁以上儿童，特殊情况下，也可用于 1~8 岁的小儿。急救者将手掌重叠置于患儿胸骨中下 1/3 交界处，操作者肘关节伸直，肩臂力量向患儿脊柱方向垂直挤压。按压与放松时间相等，挤压时手指不触及胸壁，避免压力致使肋骨骨折。放松时手掌不离开患儿胸骨，以免按压处移位，双掌按压法如图 6-26 所示。

8 岁以下儿童胸外按压专用方法如下。

① 单掌按压法：适用于 1~8 岁的小儿，急救者仅用一只手掌按压，方法同双掌按压法。

单掌按压法如图 6-27 所示。

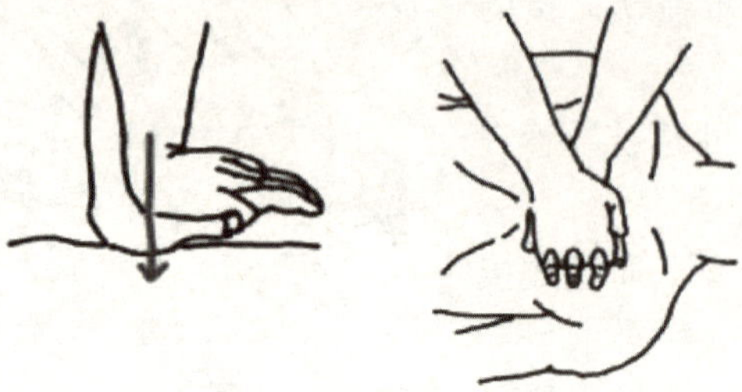

图 6-26　双掌按压法

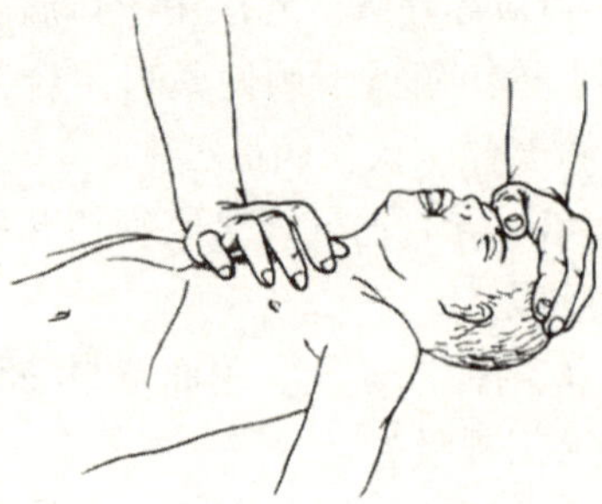

图 6-27　单掌按压法

② 平卧位双指按压法：适用于婴儿，急救者一手置于患儿后背，另一手中指和无名指置于两乳头连线下方，向后背方向按压。平卧位双指按压法如图 6-28 所示。

③ 单掌环抱按压法：适用于新生儿，急救者一手四指置于患儿后背，拇指置于前胸，具体按压部位同平卧位双指按压法。

④ 双手环抱按压法：适用于婴儿和新生儿。急救者用双手围绕患儿胸部，双拇指并列或重叠于前胸，其余两手手指置患儿后背相对方向按压。双手环抱按压法如图 6-29所示。

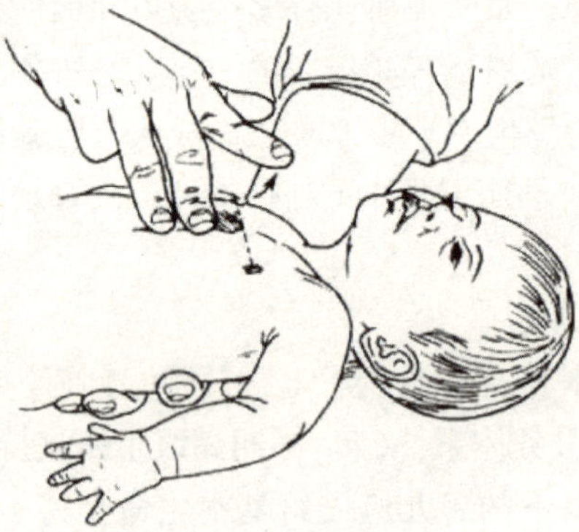

图 6-28　平卧位双指按压法

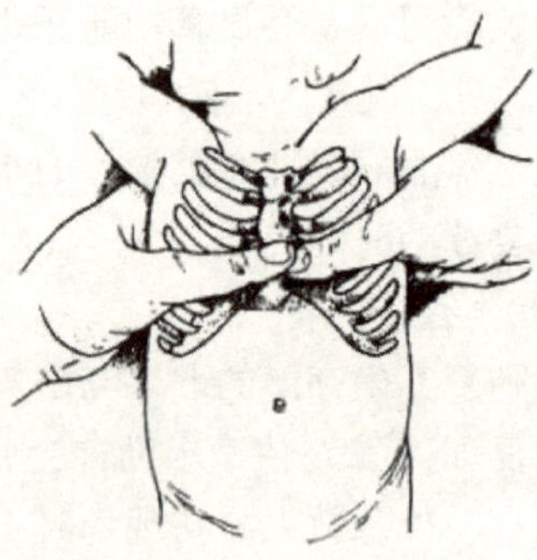

图 6-29　双手环抱按压法

小儿胸外按压深度以其胸廓厚度的 1/3 至 1/2 为宜，此按压深度可产生相对较高的冠状动脉灌注压。按压频率为 100 次/min。胸外按压必须与人工呼吸交替进行。

（2）开放气道。

采用仰头抬颏法或托颌法开放小儿气道。

① 仰头抬颏法。将一只手放在小儿前额并轻柔地使头部后仰，同时将另一只手指尖放在下颏中点处，抬高下颏以开放气道。

② 托颌法。如怀疑患儿颈部受损，应避免头颈后仰，急救者位于患儿头顶端，用双手2~3个手指分别放在患儿两侧下颌角处，轻轻用力托下颌向上，开放气道。

判断自主呼吸：开放气道后，急救者用面颊贴近患儿口鼻部感觉有无气流呼出，并观察患儿有无胸腹部起伏，要在 10 s 之内做出判断，若判断呼吸时间过短，缓慢的自主呼吸有可能被遗漏。确认患儿无呼吸，即需要立刻进行心肺复苏。

（3）人工呼吸。

采用口对口人工呼吸，先吹气 2 次，每次约 1 s，时间稍短于成人，潮气量以使胸廓抬起为度。若吹气时阻力大或胸廓不能抬起，提示气道梗塞。气道梗塞最常见的原因是气道开放不正确，需重新调整体位，开放气道后再试。如果吹气后仍无胸廓起伏，应考虑气道内有异物存在。婴儿可采用口对口（鼻）呼吸，或者可以采用面罩—球囊通气。

4. 心肺复苏有效的表现

（1）面色、口唇由苍白、紫变红润。

（2）脉搏恢复、开始自主呼吸。

（3）瞳孔由大变小，对光反射恢复。

（4）眼球能活动，手脚抽动，呻吟等。

5. 心肺复苏的终止条件

现场的心肺复苏应坚持连续进行，检查呼吸、循环体征应在 5 个心肺复苏周期后进行，检查时间不能超过 10 s。如有以下其中一项可考虑停止操作。

（1）伤病员自主呼吸及脉搏恢复。

（2）有他人或专业急救人员到场接替。

（3）救护者精疲力竭。

6. 心肺复苏的注意事项

救护者在现场一定要争分夺秒，按救护原则及步骤实施紧急救护，同时应注意以下几点。

（1）呼吸骤停时，要检查并排除有气道异物梗塞的情况。

（2）救护时要果断，现场救护不要犹豫不决。

（3）对于危重者，千万不能只等待专业人员的急救。

（4）不要把时间消耗在反复检查心跳、呼吸的过程中。

（5）不要做不必要的全身检查。

（6）不要随意搬动伤病员，注意保护脊柱。

（7）在救护中要确保现场安全，做好自我保护，关心体贴伤病员。

（8）应使用心肺复苏模型进行心肺复苏的训练，严禁在正常人身上进行操作训练，救护者最好定期参加心肺复苏的培训，以提高现场救护的技能。

6.4　高速铁路旅客常见症状及应急措施

6.4.1　生命体征

生命体征包括体温、脉搏、呼吸、血压，其是评价生命活动存在与否及质量的指标，是体格检查时必须检查的项目之一。

1. 体温

人体的温度，简称体温。为保证测量结果的准确性，测量体温时方法要规范。国内一般采用摄氏法进行体温记录。测量体温的常规方法有腋测法、口测法、肛测法，近年来还出现了耳测法和额测法。体温计有水银体温计（见图6-30）、电子体温计（见图6-31）、红外线体温计等。

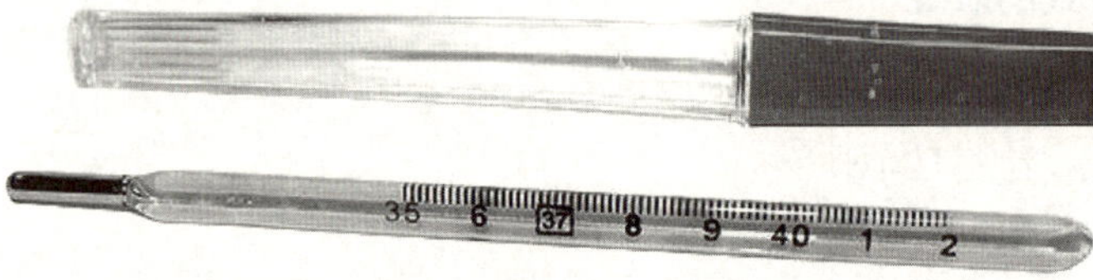

图 6-30　水银体温计

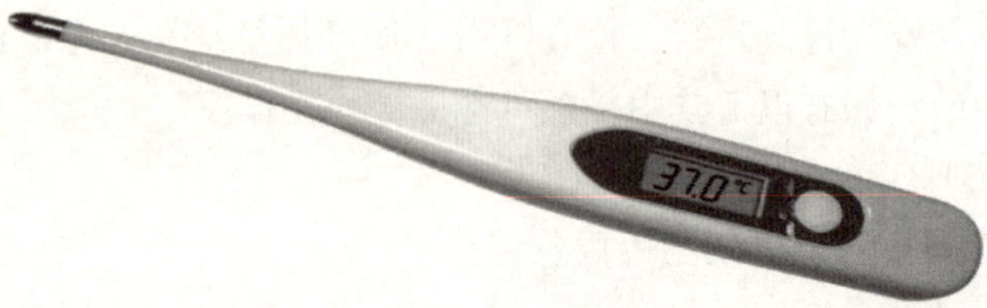

图 6-31　电子体温计

1）腋测法

将体温计水银端置于伤病员腋窝深处，叮嘱伤病员用上臂将体温计夹紧，10 min 后读数。腋窝正常的温度值为 36~37 ℃。为避免影响测定结果，测量时注意腋窝处应无致热或降温物品，将腋窝汗液擦干。腋测法是最常用的体温测定方法，简便、安全，且不易发生交叉感染。

2）口测法

将消毒后的体温计头端置于伤病员舌下 5 min，然后进行读数。正常值为 36. 3~37. 2 ℃。为避免影响测量结果，使用该法时应叮嘱伤病员紧闭口唇，不用口腔呼吸，测量前 10 min 内禁饮热水和冰水。口测法结果较为准确，但不能用于婴幼儿及神志不清的伤病员。

3）肛测法

肛测法一般比口测法读数高 0. 2~0. 5 ℃，但是肛测法测值比较稳定，多用于婴幼儿及神志不清的伤病员。测量时采用侧卧位，将肛门体温计头端涂以润滑剂后，缓慢地插入肛门内（插入长度为体温计长度的一半），5 min 后读数。正常值为 36. 5~37. 7 ℃。

4）耳测法

耳测法多用于婴幼儿，是应用红外线耳式体温计（见图 6-32），测量鼓膜的温度的方法。

5）额测法

额测法仅用于体温筛查，是应用红外线测温计（见图 6-33）测量额头皮肤的温度的方法。

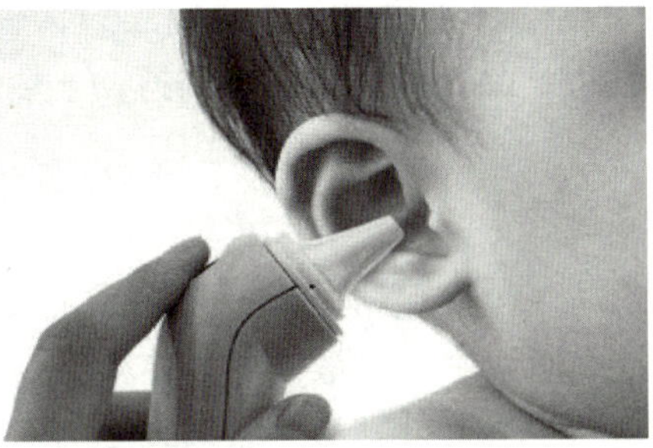

图 6-32　红外线耳式体温计

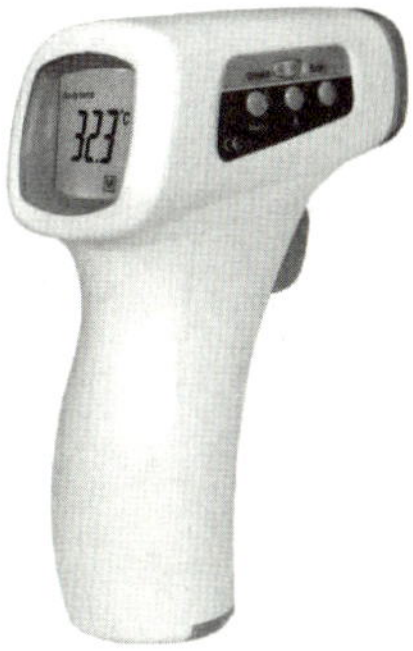

图 6-33　红外线测温计

2. 脉搏

动脉搏动简称脉搏，当心脏内大量血液进入动脉使动脉压力变大，导致管径扩张，触摸体表较浅处的动脉即可感受到此扩张，即脉搏。正常成人的脉搏在安静、清醒的情况下为60~100 次/min，老年人偏慢，女性稍快，儿童较快，3 岁以下的儿童多在 100 次/min 以上。成人脉搏过快（>100 次/min）常见于正常成人情绪激动、紧张、剧烈体力活动、酒后等情况；疾病情况如发热、贫血、心衰、甲亢、心律失常等也会导致脉搏过快。脉搏过慢（<60 次/min）常见于长期从事重体力劳动者及运动员；也见于心律失常、颅内压增高、药物中毒的伤病员。脉搏消失（不能触到脉搏）多见于重度休克、重度昏迷、心脏骤停的伤病员。

检查脉搏主要通过触诊，检查时可以选择以下三种方法。

1）触摸桡动脉法

触摸桡动脉法是检查脉搏最常见的方法。触摸桡动脉时，检查者用右手的食指、中指、无名指三指或食指、中指两指放在被检查者的左手腕横纹稍上方的拇指桡侧，触及桡动脉的搏动。如果触不到动脉搏动，要警惕并怀疑心脏停搏，需要触摸颈动脉或股动脉等大动脉来验证。触摸桡动脉如图 6-34 所示。

2）触摸颈动脉法

被检查者仰头后，检查者一手按住前额，用另一手的食指和中指找到气管，两指下滑到气管一侧与颈侧肌肉之间的沟内，以触及颈动脉，颈动脉在男性喉结下 2~3 cm 的位置。触摸颈动脉时压力不易过大，不能压迫到气管。触摸颈动脉如图 6-35 所示。

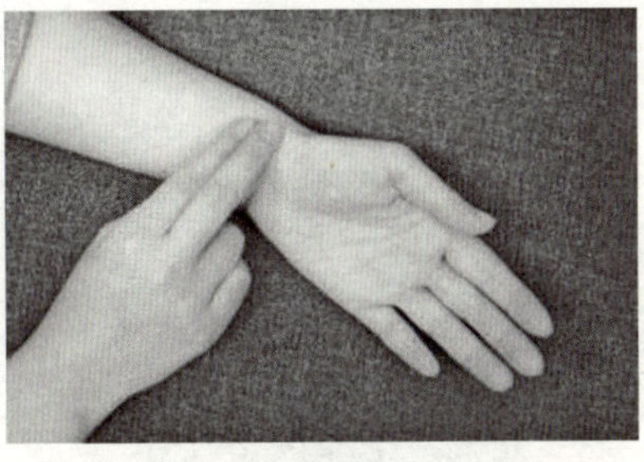

图 6-34　触摸桡动脉

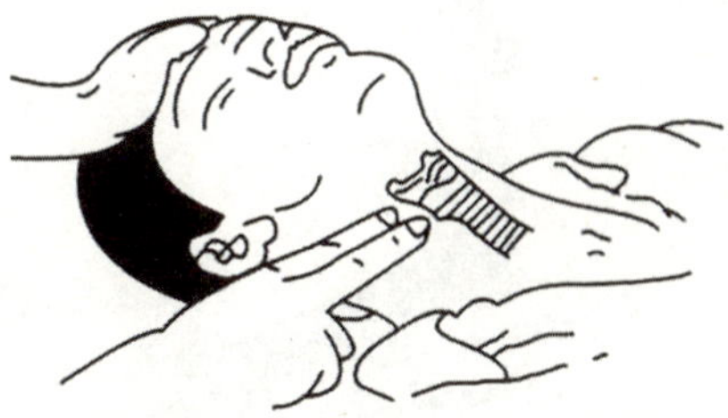

图 6-35　触摸颈动脉

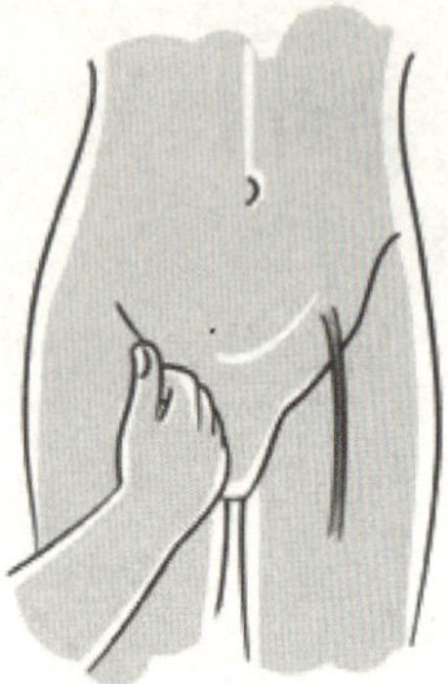

图 6-36　触摸股动脉

3）触摸股动脉法

股动脉在腹股沟中点处表浅位置，在一侧腹股沟韧带稍下方，相当于三角内裤的下斜边，此处可摸到明显的搏动。触摸股动脉如图 6-36 所示。

3. 呼吸

机体与外界环境之间气体交换的过程称为呼吸。人的呼吸过程包括肺通气、肺换气、组织细胞与血液间的气体交换三个互相联系的环节。其中肺通气、肺换气为外呼吸，组织细胞与血液间的气体交换为内呼吸。健康人在静息状态下呼吸运动稳定而有节律，正常男性和儿童的呼吸以膈肌运动为主，胸廓下部及上腹部的动作幅度较大，形成腹式呼吸；女性的呼吸则以肋间肌的运动为主，形成胸式呼吸。实际上这两种呼吸运动均不同程度同时存在。

正常成人静息状态下，呼吸为 12~20 次/min，呼吸与脉搏之比为 1：4。新生儿呼吸约 44 次/min，随着年龄的增长而逐渐减慢。正常成人呼吸频率超过 20 次/min 时即为呼吸过速，多见于发热、疼痛、贫血、甲状腺功能亢进及心力衰竭等。一般体温升高 1 ℃，呼吸大约增加4 次/min。成人呼吸频率低于 12 次/min，则认为是呼吸过缓，多见于麻醉剂或镇静剂过量和颅内压增高等情况。

4. 血压

血压是重要的生命体征，通常指体循环动脉血压（BP）。

1）测量血压的方法

血压测定有以下两种方法。

（1）直接测压法。直接测压法即经皮穿刺将导管送至周围动脉（如桡动脉）内，导管末端接监护测压系统，自动显示血压值。本法虽然精确、实时，但为有创方式，仅适用于危重、疑难病症。

（2）间接测量法。间接测量法即袖带加压法，用血压计测量。血压计有汞柱式血压计（见图 6-37）、弹簧式血压计、电子血压计（见图 6-38），目前常用的为汞柱式血压计和电子血压计。间接测量法的优点是简便易行，缺点是容易受多种因素影响，尤其容易受周围动脉舒缩变化的影响。

图 6-37　汞柱式血压计

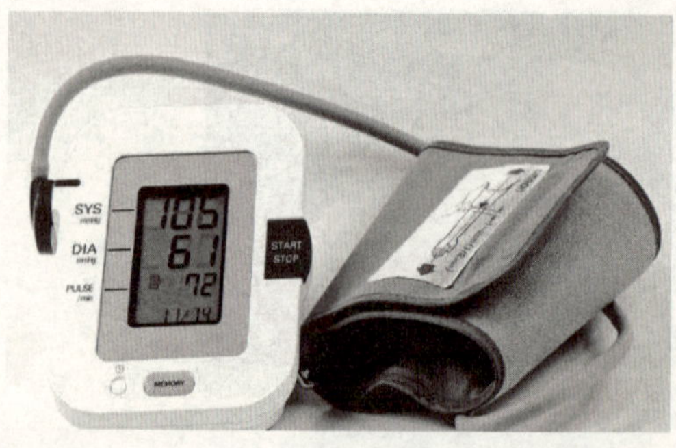

图 6-38　电子血压计

2）汞柱式血压计测量规程

（1）被检查者在测量血压之前的 0.5 h 内应不吸烟，不喝咖啡，排空膀胱，处在安静的环境下，在有靠背的椅子上安静休息至少 5 min。

（2）被检查者可采取坐位或仰卧位测血压，上肢裸露伸直并轻度外展，肘部置于与心脏同一水平，将气袖均匀紧贴皮肤缠于上臂，使其下缘在肘窝以上约 2.5 cm，气袖的中间位于肱动脉表面。

（3）检查者触及肱动脉搏动后，将听诊器拾音部分置于搏动位置上准备听诊。

（4）向袖带内充气，边充气边听诊，待肱动脉搏动声消失，汞柱再升高 30 mmHg（1 mmHg = 133.3 Pa）后，缓慢放气（2～6 mmHg/s），双眼随汞柱下降，平视汞柱表面，根据听诊结果读出血压值。

（5）首先听到的响亮拍击声代表收缩压，最终声音消失时为舒张压，记录读数。

（6）血压至少应测量 2 次，间隔 1～2 min；如收缩压或舒张压 2 次读数相差 5 mmHg 以上，应再次测量，以 3 次读数的平均值作为测量结果。收缩压与舒张压的差值为脉压，舒张压加 1/3 脉压为平均动脉压。

6.4.2　高速铁路旅客常见疾病症状及应急措施

1. 抽搐

抽搐是指骨骼肌痉挛性痫性发作及其他不自主的骨骼肌发作性痉挛。

注意以下假性抽搐。

① 癔症：发作常以情绪激动为诱因，与抽搐不同的是伤病员无意识丧失，且绝大多数无大小便失禁、咬舌、跌伤等现象。常出现过度换气及长时间屏气，体格检查无神经系统异常，经他人劝异，或服用镇静药物便可终止。

② 晕厥：由于各种原因导致大脑供血和供氧不足引起的头晕、心悸、出汗等。单纯性晕厥，伤病员并无抽搐，经平卧休息，吸氧后会逐渐缓解。

③ 精神性疾病：一般仅在发作过程中出现意识障碍，对发作过程不能回忆，但不发作时精神正常，如神游症、恐慌症等。

应以立即制止抽搐为应急处置的首要原则，而后查明病因，针对病因治疗。

（1）判断现场环境是否安全，如有危险因素要及时躲避或脱离危险，否则尽可能不移动伤病员。

（2）疏散围观人群，保持空气流通，使晕厥伤病员能呼吸到足够新鲜的空气。

（3）将伤病员置于侧卧位或仰卧位，头偏向一侧，防止唾液及呕吐物吸入，保持呼吸道通畅，及时吸取咽部分泌物，避免发生吸入性肺炎或窒息，松脱伤病员衣领、裤带，减少不必要的刺激。

（4）防止舌咬伤，如牙关紧闭者，不可强行撬开，以免损伤牙齿，应加强监护，监测伤病员的体温、呼吸、心率、血压、面色、瞳孔。

（5）尽早吸氧，改善组织缺氧状况。

（6）有高热抽搐时立即采取药物或物理降温。

（7）条件允许的情况下，立刻注射抗抽搐药物，低钙抽搐者应补充钙剂。

（8）针对假性抽搐发作者，给予认知疗法、暗示疗法、催眠疗法或药物疗法治疗；晕厥者给予药物治疗；精神症者给予心理疏导、药物治疗。

2. 晕厥与昏迷

晕厥是旅客在高速列车行驶过程中经常出现的症状，可由多种原因引起，病因不同，其病情严重程度也有所不同。根据旅客晕厥症状、询问周围人其发作前的情况及询问病史，初步判断发病原因，对症处理，以尽快缓解旅客的症状，保证旅客旅途的平安。

1）晕厥的症状

晕厥是因一过性全脑血液低灌注而出现的短暂性意识丧失，其特点是突然发生、短暂和可自行完全恢复。典型晕厥发作持续时间一般不超过20 s，少数可持续数分钟。

2）晕厥与昏迷的鉴别

昏迷是指人体对外界环境不能够认识，产生的意识丧失，并对刺激反应异常，或者是反射活动异常的一种病理状态。昏迷初期呈嗜睡状态，进而进入昏睡状态，病情进一步加重，就进入浅昏迷，并逐步过渡到深昏迷，此时血压、脉搏、呼吸等生命体征存在，但不稳定，伤病员处于濒死状态。嗜睡时处于持续睡眠状态，但是能被痛觉及其他刺激和语言唤醒，并能做出适当的运动和言语反应，刺激停止则又转为嗜睡状态。昏睡，需要较强烈的刺激才能唤醒，无自主语言或言语含混，对指令无反应或者反应不正确。昏迷分为深昏迷和浅昏迷，浅昏迷可以被强烈的痛觉刺激，能引起伤病员的防御性动作；深昏迷就是所有的反射均消失，生命体征不稳定，有自主呼吸，但是节律不规律，多伴有通气不足。晕厥则以突然、短暂和可自行完全恢复的短暂性意识丧失为主要表现，其发作持续时间一般不超过20 s，少数可持续数分钟。晕厥可以自行恢复，一般积极对症处理，预防外伤出现即可保证旅客生命安全；昏迷则是一种较严重的病理状态，可危及伤病员生命。所以正确的鉴别晕厥和昏迷，对于保证旅客生命安全至关重要。

3）晕厥的应急处理

（1）判断现场环境是否安全，如有危险因素要及时躲避或脱离危险，否则尽可能不移动患者。

（2）疏散围观人群，保持空气流通，使晕厥伤病员能呼吸到足够的新鲜空气。

（3）通过动作或声音刺激来判断晕倒伤病员有无意识，比如可以拍打伤病员肩部并大声呼叫："先生，你怎么了?"，然后观察伤病员对声音和拍打是否有语音或动作反应。

（4）调整晕厥伤病员体位：对于外界的刺激如果有反应的则可以使其自动恢复体位；而无反应的则应采取平卧位，即将其放置于高速列车通道处，保持平卧位，双足稍抬高。松解衣领及腰带。

（5）保持呼吸：压额抬颌，保持呼吸道通畅，若有恶心、呕吐，应将伤病员头偏向一侧，以免呕吐物误吸入气管或肺内引起吸入性肺炎或窒息。

（6）对伤病员行心肺复苏术。

（7）可采取指掐或针刺人中、合谷等穴位唤醒伤病员。

根据伤病员发病原因及病情轻重的不同，在列车工作人员密切观察下，症状较轻的伤病员缓解后可继续乘车旅行。

4）昏迷的应急处理

昏迷是意识完全丧失的一种临床危重症。昏迷的病因复杂，伴随症状多，与神经系统密切相关。突然昏迷应考虑脑出血、脑栓塞等可能；昏迷伴发热症状，应考虑有感染可能；昏迷前有剧烈呕吐、头痛，可能颅内压增高，应考虑脑肿瘤、脑脓肿、脑出血、脑膜炎等可能。给予伤病员一定的刺激，如反复轻拍伤病员，同时呼唤其名，如果伤病员无反应，可以判断为昏迷。

昏迷一旦发生，无论是何原因导致的，都表明病情危重，伤病员必须尽快得到有效的现场急救。

昏迷的现场急救原则如下。

（1）所有伤病员均需要去医院做进一步诊治，故应尽快将伤病员送往医院。尽快拨打120急救电话，停靠车站后马上将伤病员送入医院进行专业诊疗。

（2）保持伤病员呼吸道通畅，及时清理气道异物，对呼吸阻力较大者使用口咽管，亦可使伤病员采用侧卧位，这样即可防止咽部组织下坠堵塞呼吸道，又有利于分泌物引流，因此侧卧位是昏迷伤病员入院前必须采取的体位。

3. 癫痫

癫痫是多种原因导致的脑部神经元高度同步化异常放电所致的临床综合征，临床表现具有发作性、短暂性、重复性和刻板性的特点，异常放电神经元的位置不同及异常放电的波及范围差异，使伤病员的发作形式不一，可表现为感觉、运动、意识、精神、行为、自主神经功能障碍或兼而有之，临床上每次发作或每种发作的过程称为痫性发作，一个伤病员可有一种或数种形式的痫性发作。在癫痫发作中，一组具有相似症状和体征特性组成的特定癫痫现象称为癫痫综合征。

癫痫的应急处置应以立即制止抽搐为首要原则，而后查明病因，针对病因治疗。

（1）判断现场环境是否安全，如有危险因素要及时躲避或脱离危险，否则尽可能不移动伤病员。

（2）疏散围观人群，保持空气流通，使伤病员能呼吸到足够的新鲜空气。

（3）将伤病员置于侧卧位或仰卧位，头偏向一侧，防止唾液及呕吐物吸入，保持呼吸道通畅，及时吸取咽部分泌物，避免发生吸入性肺炎或窒息，松脱伤病员衣领、裤带，减少不必要的刺激。

（4）防止舌咬伤，遇牙关紧闭伤病员，不可强行撬开，以免损伤牙齿，加强监护，监测伤病员的体温、呼吸、心率、血压、面色、瞳孔。

（5）尽早吸氧，改善组织缺氧状况。

（6）条件允许的情况下，立刻注射抗癫痫药物。

（7）根据伤病员发病原因及病情轻重的不同，在列车工作人员的密切观察下，口服抗癫痫药物后症状较轻的伤病员可继续乘车旅行。

4. 气道异物梗塞

旅客在出行的过程中，会有饮食不慎等原因导致的气道异物梗塞，气道异物梗塞是导致窒息的紧急情况，如不及时解除，数分钟内即可致死亡。

1）气道异物梗塞的原因及预防

任何人突然呼吸骤停都应考虑到气道异物梗塞，成人通常在进食时易发生气道异物梗塞，肉类食物是造成气道异物梗塞最常见的原因。易导致气道异物梗塞的诱因有：吞食大块难咽食物，饮酒，老年人戴义齿或吞咽困难，儿童口含小颗粒状食品或物品。

预防气道异物梗塞，需要注意以下事项。

（1）细嚼慢咽，尤其是戴义齿者。

（2）咀嚼和吞咽食物时，避免大笑或交谈。

（3）避免酗酒。

（4）阻止儿童口含食物时在列车上行走、跑或玩耍。

（5）将易误吸入的异物放在婴幼儿拿不到的地方。

（6）不宜将需要仔细咀嚼或质韧而滑的食物（如花生、坚果、果冻等）给小儿食用。

2）如何判断气道异物梗塞

异物可造成呼吸道的部分或完全梗塞，识别气道异物梗塞是及时抢救的关键。

（1）气道部分梗塞。

伤病员能通气，能用力咳嗽，但咳嗽停止时出现喘息声。此时，救助者不宜妨碍伤病员自行排除异物，应鼓励伤病员用力咳嗽，并自主呼吸，但应守护在伤病员身旁，并监视伤病员的情况，如不能解除，立即求助社会急诊医疗服务体系。

气道异物梗塞伤病员可能一开始就表现为通气不良；或开始通气好，但逐渐恶化，出现乏力、无效咳嗽、吸气时有高调噪声、呼吸困难加重等现象。对待这类伤病员要同气道完全梗塞伤病员一样，必须争分夺秒地抢救。

（2）气道完全梗塞。

伤病员不能讲话，呼吸或咳嗽时，双手抓住颈部，无法通气。对此征象必须立即明确识别。救助者应马上询问伤病员是否被异物噎住，如果伤病员点头确认，必须立即救助，帮助解除异物。由于气体无法进入肺部，如不能迅速解除气道梗塞，伤病员将很快出现意识丧失，甚至死亡。如果伤病员意识已丧失、猝然倒地，应立即实施心肺复苏。

3）解除气道异物梗塞的方法

对气道完全梗塞伤病员必须争分夺秒地清除气道异物。通过迫使气道内压力骤然升高的方法，产生人为咳嗽，把异物从气道内排出，具体方法可参考 6.2 节的相关内容。

4）小儿气道异物处理

怀疑小儿气道异物梗塞时，如患儿咳嗽有力，应鼓励其连续自主咳嗽，以咳出异物；如咳嗽无力或呼吸困难明显，并出现意识丧失的患儿，应立即采取解除气道梗塞措施。婴儿推荐使用拍背/冲胸法；1 岁以上儿童可使用推压腹部法，步骤与成人相同。

拍背/冲胸法：急救者取坐位，将患儿（俯卧位）置于前臂上，前臂放于大腿上，手指张开托住患儿下颌并固定头部，保持头低位；另一只手的掌根部在患儿背部肩胛区用力叩击 5 次，拍背如图 6-39 所示。拍背后将空闲的手放于患儿背部，手指托住其头颈部，小心地将患儿翻转过来，使其仰于另一只手的前臂上，前臂置于大腿上，仍维持头低位。实施 5 次快速胸部冲压，位置与胸外按压相同。冲胸如图 6-40 所示。冲压与按压的不同之处在于冲压时间短促，利用肺内压力突然增高将异物排出。如能看到患儿口或鼻中异物，可将其取出；不能看到异物，则继续重复上述动作，直到异物排出。

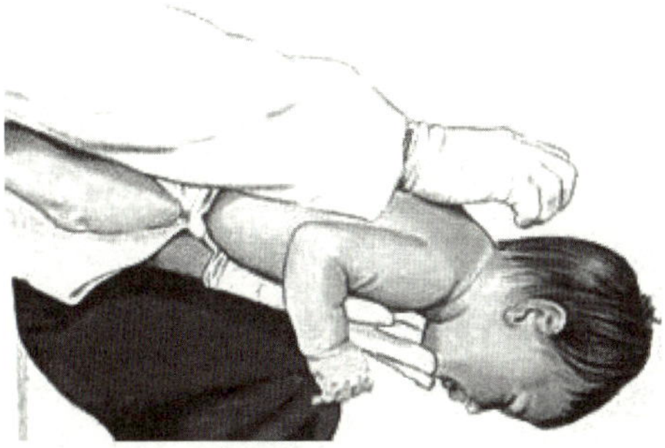

图 6-39　拍背

图 6-40　冲胸

【实训】

高速铁路旅客伤病的应急处置实训

【实训目标】

(1) 能够掌握现代创伤救护技术。

(2) 能够掌握心肺复苏术、高速铁路旅客常见症状的应急处置措施。

(3) 培养自主学习能力。

【实训内容与要求】

第一步：由教师介绍实训的目的、方式、要求，调动学生实训的积极性。

第二步：对学生进行分组，确定各小组的组长和人员分工、学习方式，制订小组学习计划，了解团队要做什么，要达到什么目的。

第三步：由教师介绍高速铁路旅客伤病的应急处置知识及讨论的话题。

第四步：各小组对教师布置的问题进行讨论，并记录小组成员的发言。

第五步：根据小组讨论记录撰写讨论小结。

第六步：各小组相互评议，教师点评、总结。

【实训成果与检测】

成果要求：

(1) 提交案例讨论记录。3~5 名学生一组，设小组长 1 人、记录员 1 人，每组必须提交详细的讨论记录，以作为考核成绩的依据。

(2) 能够在规定的时间内完成相关的讨论，撰写文字小结。

评价标准：

(1) 上课时积极与老师配合，积极思考、发言。

(2) 认真阅读案例，积极参加小组讨论，分析问题思路较宽。案例分析基本完整，能结合所学理论知识解答问题。

项目 7

高速铁路非正常情况应急处置

【知识目标】

- 了解列车安全工作标准；
- 掌握列车作业安全规定；
- 了解列车超员规定。

【技能目标】

- 能够根据高速铁路车站安全及应急处置规定完成相关工作；
- 能够根据消防安全管理规定完成相关工作；
- 能够根据动车组突发情况应急处置规定完成相关工作。

【学习重点及难点】

- 学习重点：列车安全工作标准、列车作业安全规定、列车超员规定。
- 学习难点：高速铁路车站安全及应急处置规定、消防安全管理规定、动车组突发情况应急处置规定。

【本章知识结构图】

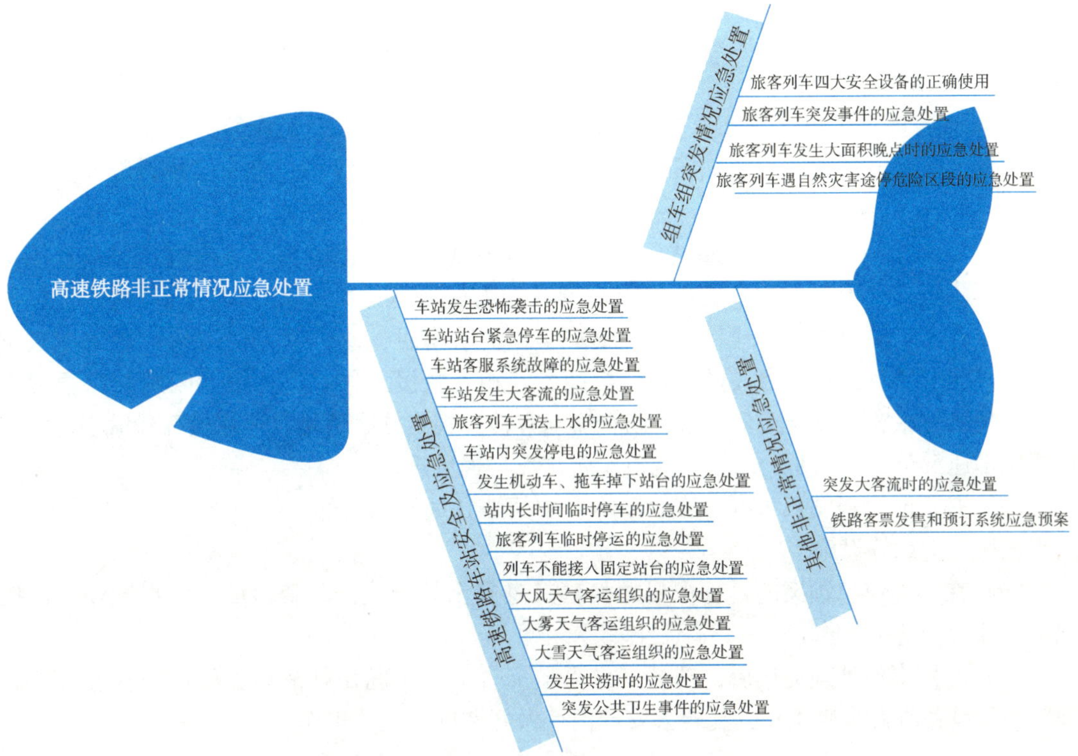

7.1　高速铁路车站安全及应急处置

7.1.1　车站发生恐怖袭击的应急处置

1. 车站可能发生恐怖袭击的情况

（1）利用爆炸、劫持火车、杀人、放火等手段在车站范围内制造破坏活动。

（2）利用爆炸、纵火、劫持等手段袭击、破坏车站范围内的站、车、线、行车调度中心、供水、供电等要害部位、重点场所。

（3）利用劫持、绑架等手段威胁旅客人身安全。

（4）群体性冲击、阻碍、拦车、断道危及运输行车安全，以及以此要挟政府，制造政治影响和图谋不法活动。

（5）严重投毒，以及列车车辆承运不明原因的剧毒品、化学品、放射性物品严重泄漏。

2. 应急处置事项

（1）车站发现疑似恐怖袭击事件或已经发生恐怖袭击事件时，铁路公安和客运系统要逐级快速上报，及时启动应急预案。

（2）大站一般汇报流程：现场工作人员及时上报给值班员（值班站长），由值班员（值班站长）和公安驻站派出所按照逐级汇报流程上报本车间（中间站）值班干部，值班干部上报联合值班室，联合值班室向站长值班室、客运科和安全技术科等相关科室汇报，站长值班室向站领导汇报。必要时经站领导批准向铁路局客服调度员汇报。其他车站根据自身结构情况制定本站的汇报流程。

（3）客运科通知公安部门（中间站由站领导联系公安干警）增派警力协助车站维护秩序。派专人接听电话了解现场信息，在站领导和客运科长指挥下，向客运处值班人员汇报情况。

（4）客运车间主任（中间站站长）应立即赶赴现场，迅速组织开展抢险救援和现场指挥工作。值班员（值班站长）立即组织现场客运人员清理无关人员，维护现场秩序，保护现场，配合公安部门调查处理。如需要救护车或消防车时，值班员（值班站长）派专人进行联络，并引导救护和消防人员进站，协助做好相关救援工作。副主任（副站长）根据应急疏散预案将旅客疏散至安全区域，结合广播宣传，稳定旅客情绪，消除旅客恐慌心理，根据情况迅速派员封锁列车、站台、地道，防止无关人员进入。

（5）必要时，经站长批准，客运车间（中间站）通知相关部门停止供电、供水、供气，关闭通风、空调等设施。

（6）在实施应急预案的过程中要加强对人身安全的卡控，严禁违反相关规定作业，按规定做好劳动防护工作。

（7）恐怖事件处理完毕后，现场工作人员配合保洁车间做好清洁工作；配合设备维修部门做好设备维修恢复工作；配合公安部门，做好调查取证等工作。

7.1.2 车站站台紧急停车的应急处置

1. 车站站台紧急停车的应急处置程序

当客运车间、各中间站站台客运人员发现危及旅客人身安全或行车安全等非正常情况时按以下要求执行应急处置程序。

（1）紧急呼叫。动车组停站或初启动，车站客运人员发现危及旅客人身安全或行车安全的事件，需紧急叫停列车时，将电台调至动车组司机频点，呼叫司机停车。呼叫用语：“××次司机，请立即停车。××站客运值班员（客运员）报告。”

（2）立即停车。司机在接到紧急呼叫时，如列车没有启动则不启动，如列车已启动要立即紧急制动停车，同时应答呼叫者：“××次司机明白。”呼叫者通过电台告知司机停车事由，并配合列车及时做好应急处置。

（3）重新开车。紧急事件处置完毕后，车站客运人员通知列车长，报告用语如下：“××次列车长，紧急情况处理完毕，××站客运值班员（客运员）。”列车长应答：“××次列车长明白。”由列车长通知司机紧急事件处置完毕，同时按规定程序通知司机（机械师）关闭车门，司机按规定程序开车。

2. 站台紧急停车注意事项

（1）车站办理动车组客运业务时，动车组在站启动的范围为自车站开车后至列车尾部过出站信号机前。

(2) 除发现动车组列车危及旅客人身安全或行车安全等特殊情况，严禁使用动车组司机频点进行通话联系，避免影响动车组行车安全。

(3) 车站站台职工需要牢记电台频点的设置及用途。

① 大站。

1 信道——既有客运异频频点。

2 信道——高速异频频点。

3 信道——普速异频频点。

4 信道——动车组司机频点。

5 信道——原有客运单频频点。

6 信道——列车乘务员频点。

② 中间站。

a) 可录音手持电台。

1 信道——既有客运频点。

2 信道——备用客运频点。

3 信道——动车组司机频点。

4 信道——列车乘务员频点。

b) 普通客运电台。

1 信道——既有客运频点。

高速场站台人员日常作业联系使用 2 信道（高速异频频点），特殊情况下需联系司机时，转换为 4 信道（动车组司机频点），待特殊情况处置完毕应立即转换回 2 信道（高速异频频点）。

中间站站台客运作业人员日常作业联系使用 1 信道，特殊情况下需联系司机时，转换为 3 信道（动车组司机频点），待特殊情况处置完毕应立即转换回 1 信道。

7.1.3 车站客服系统故障的应急处置

车站客服系统主要包括自动检票机（闸机）系统、引导揭示系统、广播系统等，一旦发生故障会直接影响客运现场作业，车站应及时进行处理，快速恢复运输秩序。

1. 进站口检票闸机故障应急处置程序

(1) 客运车间（中间站）客运人员发现故障后，及时汇报给值班员（值班站长）和联合值班室，由联合值班室通知信息技术科、客运科、站长值班室等相关科室，站长值班室向值班站领导汇报，在值班站长指示下，由联合值班室宣布启动应急预案。

(2) 客运科通知派出所（中间站由站领导联系公安干警），派出所应增派警力协助车站维护秩序。派专人接听电话了解现场信息，在站领导和客运科长指挥下，向客运处汇报情况。

(3) 派出所要配合值班员（值班站长）和客运人员维护好旅客检票秩序。

(4) 客运车间（中间站）值班员（值班站长）将自动闸机调整为通行状态。

(5) 客运车间（中间站）值班员（值班站长）提前安排其他岗位人员到检票口，采用人工检票方式检票，加大人工检票力度。

（6）客运车间（中间站）值班员（值班站长）负责做好情况记录和信息反馈。

2. 出站口检票闸机故障应急处置程序

（1）客运车间（中间站）客运员发现故障后，及时汇报给值班员（值班站长）、值班干部、联合值班室，联合值班室负责向客运科、站长值班室等相关科室汇报，站长值班室向站领导汇报；在站领导指示下，宣布应急预案启动。

（2）客运科通知派出所（中间站由站领导联系公安干警），派出所应增派警力协助车站维护秩序。派专人接听电话了解现场信息，在站领导和客运科长指挥下，保证检票、放行秩序。

（3）客运车间（中间站）值班干部及时通知信息技术科进行修复，并及时赶赴现场。

（4）公安干警配合值班员（值班站长）和客运员维护好旅客检票秩序。

（5）客运车间（中间站）值班员（值班站长）将自动闸机调整为通行状态。

（6）客运车间（中间站）值班员（值班站长）安排其他岗位人员，到出站口采用人工方式查验车票。

（7）客运车间（中间站）出站口值班员做好情况记录和信息反馈。

（8）在应急预案处置过程中要加强对人身安全的卡控，严禁违反相关规定作业，按规定做好劳动防护工作。

3. 引导揭示系统故障应急处置程序

（1）客运车间（中间站）客运员发现故障后，及时汇报给值班员（值班站长）、值班干部、联合值班室、站长值班室、客运科等相关科室，站长值班室向站领导汇报，在站领导指示下，联合值班室宣布启动应急预案。

（2）客运科通知派出所（中间站由站领导联系公安干警）增派警力协助车站维护秩序。派专人接听电话了解现场信息，在站领导和客运科长指挥下，保证旅客上下车及出入站秩序。

（3）客运车间（中间站）值班干部及时通知信息技术科进行修复，并及时赶赴现场。

（4）公安干警配合客运车间（中间站）值班员（值班站长）和客运员、售票员维护好旅客购票、候车、检票和出站秩序。

（5）客运车间（中间站）客运员在进站大厅、候车区、检票口、出站口等处准备好临时显示牌，随时向旅客公告服务信息。售票员在售票处内引导旅客购票并解答旅客问询。

（6）客运车间（中间站）值班员（值班站长）抽调人员提前上岗，于图定列车开车前40 min，由联合值班室提前与客服调度员联系，确认列车能否正常发车。

（7）确认具体运行信息后，联合值班室要通过车站广播和区域广播及时向旅客进行公告。

（8）客运车间（中间站）客运员引导旅客进站、候车、检票、乘降、出站。

（9）客运员利用区域广播（便携式扩音器），加强广播宣传。

（10）值班员（值班站长）做好情况记录和信息反馈。

4. 广播系统故障应急处置程序

（1）客运员发现故障后，及时汇报给值班员（值班站长）、值班干部、联合值班室，联合值班室要及时向客运科、站长值班室汇报，站长值班室向站领导汇报。

(2) 及时通知信息技术科进行修复。

(3) 客运车间（中间站）值班干部及时赶赴现场。

(4) 派出所干警要配合值班员（值班站长）和客运员维护好旅客检票秩序。

(5) 客运车间（中间站）抽调人员提前上岗，值班员（值班站长）要在图定列车检票前或终到列车到达前15 min，加强与运转车间（高速场）的联系，确认列车到发时刻及停靠站台，并及时通告相关岗位作业人员。(注：有些高速站不设运转车间，只配备运转工作人员与车站客服人员保持联系)。

(6) 值班员（值班站长）要按照图定广播计划，利用小区广播（便携式扩音器）及时向旅客广播候车、检票、停检等服务信息，组织旅客有序候车、排队检票。

(7) 客运人员负责加强售票厅、候车区、进出站口、通道、站台等处的执岗力量，视情况采取提前预检、专人带队、引导上车、快速疏散等措施，确保旅客在正确位置候车、安全乘降。

(8) 值班员（值班站长）负责做好情况记录和信息反馈。

7.1.4　车站发生大客流的应急处置

当车站发生大量客流聚集时，若应对不当，将影响正常的运输秩序，严重时会发生拥挤踩踏事故，造成人员伤亡。因此，当车站发生大客流时，应及时启动旅客大量滞留应急预案，保证尽快恢复正常运输秩序，避免事故发生。

1. 信息通报

客运车间（中间站）值班员向客运车间联合值班室汇报，联合值班室向客运科、站长值班室汇报，站长值班室通知站领导，按照站领导指示，联合值班室宣布启动应急预案。

2. 车站应急处置程序

(1) 客运科通知公安部门（中间站由站领导直接联系公安干警），铁路公安部门应增派警力协助车站维护秩序，必要时车站应请求地方政府、公安部门给予支援。派专人了解现场信息，在站领导和客运科长指挥下，向客运处汇报情况。客运科负责通知保洁车间进行卫生清理。

(2) 售票车间（各中间站）及时增开退票、改签窗口；遇列车编组变化或其他特殊情况及时联系客服调度员，提前制定解决方案。

(3) 客运车间（各中间站）增开进站验票口，重点照顾老、幼、病、残、孕等重点旅客。

(4) 在候车区放置临时车次牌，候车室工作人员要随时和联合值班室、站台联系，做好提前放行的准备。

(5) 高架候车室检票口前方旅客走行通道划出适当部分，作为旅客临时候车区。

(6) LED显示系统由联合值班室输入告示信息，信息输入要及时准确。

(7) 候车室压力过大时：①在候车室适当位置开辟临时候车区，派专人盯控。②机关干部或客运员可组织始发车旅客列队，带至站台提前上车，采取“以车代候”的方法，确保旅客人身安全。

（8）党委宣传部门负责联系新闻媒体，协调地方政府，利用电视、广播、报纸等媒体广泛宣传，引导旅客理性选择出行交通工具。

（9）在应急预案处置过程中要加强对人身安全的卡控，严禁违反相关规定作业，按规定做好劳动防护工作。

7.1.5 旅客列车无法上水的应急处置

当车站发生上水设备故障、断电和停水等情况，不能为旅客列车正常上水时会严重影响旅客运输服务质量，车站应及时启动相应的应急预案，保证列车正常用水。

1. 无法上水情况确认

当上水员发现不能上水后，应立即根据现场情况，初步判断不能上水的原因。

2. 联系汇报

（1）上水员应立即将现场情况上报客运车间。客运车间立即向联合值班室、客运科、技术科、站长值班室等相关科室汇报，值班室向站领导汇报。

（2）联合值班室通知设备厂家及供电段等，对故障进行排查。

（3）涉及高速列车时客运科立即通知联合值班室并将现场情况向铁路局客服调度员进行汇报，请求指示；涉及普速列车时，立即通知计划室并将现场情况向铁路局客运调度员进行汇报，请求协调，并将情况及时以书面形式向铁路局客运处汇报。

3. 处置措施

（1）客运车间立即通知商服车间为不能上水的高速动车组列车补充矿泉水。

（2）客运车间主管干部或上水值班员与列车长联系，通报情况。

（3）请求铁路局客服调度员或铁路局客运调度员协调其他上水站临时补水。

（4）联合值班室及时联系设备厂家赶赴车站进行维修。

（5）在应急预案处置过程中要加强对人身安全的卡控，严禁违反相关规定作业，按规定做好劳动防护工作。

7.1.6 车站内突发停电的应急处置

车站突发停电会严重影响运输秩序，给车站客流组织工作造成很大困难，车站应及时启动突发事件应急预案，保证尽快恢复正常运输秩序。

1. 客运车间应急处置

（1）值班员（值班站长）按照逐级汇报流程上报本车间（中间站）值班干部，值班干部向联合值班室汇报，联合值班室向站长值班室、客运科、信息技术科等相关科室汇报，站长值班室向站领导汇报。

（2）客运科通知公安部门（中间站由站领导联系公安干警）增派警力协助车站维护秩序，派专人接听电话了解现场信息，在站领导和客运科长指挥下，向客运处汇报情况。

（3）联合值班室及时联系抢修部门恢复供电。

（4）客运车间（中间站）启用移动式应急照明设备，安排专人，在进站验票口、候车室、检票口、地道口、楼梯口、出站口进行照明。

（5）客运车间（中间站）检票人员引导旅客在规定候车区候车，站台工作人员加强宣传，提示旅客安全乘降。

（6）客运车间（中间站）值班员（值班站长）随时和车站联合值班室联系，了解旅客列车的到、发时间和股道占用情况。

（7）客运车间（中间站）安排专人在候车通道、检票口电梯处用区域广播引导进站旅客分区候车，并做好宣传、引导，维护检票口秩序，并通知公安部门配合维持秩序。

（8）客运车间（中间站）抽调专人在站台出站通道，携带喇叭、照明设备，用手持话筒加强宣传，引导旅客顺利出站。

（9）在应急预案处理过程中要加强对人身安全的卡控，严禁违反相关规定作业，按规定做好劳动防护工作。

2. 售票车间应急处置

（1）值班员按照逐级汇报流程上报客运车间（中间站）值班干部，值班干部通知联合值班室，联合值班室通知站长值班室、客运科、信息技术科，站长值班室向站领导汇报。

（2）所有售票室立即锁闭，启用应急照明设备，使售票厅尽快恢复照明。

（3）联合值班室及时联系抢修部门恢复供电，确定因停电影响售票设备的情况。

（4）劳动人事科立即安排联劳干部，组织人员立即到售票厅，协助稳定旅客情绪，维护现场秩序。

7.1.7　发生机动车、拖车掉下站台的应急处置

牵引车、拖车等在站台行驶过程中掉下站台时，会直接危及行车安全，因此，车站应及时启动应急预案，尽快排除股道障碍，保证行车安全。

1. 信息通报

（1）站台车辆掉下站台时，没有办理线路占用时，由站台车辆负责人直接通知车站外勤值班人员，外勤值班人员上报行车值班员，封锁相关线路，将线路两端道岔扳向不能进入上述线路位置，扣戴明示帽。车辆负责人上报客运车间，客运车间上报联合值班室，联合值班室通知站台值班室、客运科、技术科等相关科室，联合值班室宣布启动应急预案。

（2）列车已经接近，来不及采取措施时，站台车辆负责人直接通知外勤值班人员，外勤值班人员昼间使用展开的红色信号旗，使用电台紧急呼叫司机；夜间打开红色信号灯，使用电台紧急呼叫司机，要求紧急停车。随后，车辆负责人上报客运车间，客运车间上报联合值班室，联合值班室通知站台值班室、技术科、客运科等相关科室，联合值班室宣布启动应急预案。

2. 应急备品

视情况准备大绳 2 条、钢丝绳 1 条、撬棍 4 根、渡板等应急备品（应急备品固定存放，备品损坏后，要随时补充和完善）。

3. 应急处置程序

1）赶赴现场

相关车间干部应立即组织领班、工长，赶赴现场，根据现场情况，联系其他车间干部，取用备品，以最快的速度及时赶赴现场实施救援。

2）加强防护

实施救援前，要与外勤人员取得联系，进一步确认线路状况及列车动态，实施防护，通过外勤人员，随时与行车楼取得联系，以确保万无一失。

3）实施救援

（1）站台车辆未完全掉下站台时，可用叉车叉机动车或拖车的前部使其抬高到站台以上，下垫固定板，再叉后部抬至站台以上，可将机动车直接开出站台边缘；拖车可将前部抬起垫好后，将挂把连挂上，再抬后部，抬起后即可将其拉出站台边缘。

（2）拖车完全翻下站台时，应以人力将其翻正，使用杠子、绳索，将其顺线路方向移动，拉到安全区域后再行处理。

4）及时汇报

将站台车辆掉下站台问题处理完毕，确认将一切设备、车辆移至线路限界以外后，相关车间现场干部应及时通知外勤值班员，外勤值班员通知行车值班员，报告线路恢复正常。

7.1.8 站内长时间临时停车的应急处置

（1）站内长时间临时停车时，客运车间（中间站）现场客运人员按照逐级汇报原则，向值班员（值班站长）、车间（中间站）干部、联合值班室、站长值班室、客运科、技术科等相关科室汇报，站长值班室向站领导汇报。

（2）站台值班员（值班站长）与客运调度员、客服调度员联系了解列车临时停车原因及开车时刻。

（3）站台值班员与列车长通过电台（频道6）联系，了解列车基本情况，经调度员许可向列车通报停车原因及开车时刻，按照列车要求，商服车间做好应急食品的供应。

（4）客运车间（中间站）要指派专人对临时停车的列车进行防护，随时注意列车车门是否开启和有无人员下车情况。

（5）开启车门的列车，客运车间（中间站）要增加防护人员，开具客运记录交列车长，需中途下车停止旅行的旅客，其提出的要求按照相关规定办理。

（6）根据铁路局客服调度员指示，具备发车条件时，由调度部门通知运转车间、客运车间（中间站）做好旅客安排和开车准备。

7.1.9 旅客列车临时停运的应急处置

旅客列车临时停运的原因较多，如因不良天气、设备设施故障或线路中断造成旅客列车停运等。尤其高速铁路旅客列车，受天气因素影响比较大。大雨、暴雨等原因也可能导致出站口旅客大量聚集，因此不论是列车临时停运还是客流暂时拥堵，都会给铁路车站客运组织工作造成较大困难，为此，必要时需启动应急预案。

1. 联系汇报

客运科立即将停运调度命令转发技术科、站长值班室，以及客运车间、售票车间和各中间站，并记录停运列车车票发售及停站情况，站长值班室立即将列车停运情况向站领导汇报。

2. 处置措施

（1）当发生列车停运启动应急预案时，客运车间、售票车间及各中间站应立即通知车间干部，做好列车停运应急处置工作。

（2）客运科接到列车停运调度命令后，立即与铁路局客运调度进行核实，并对停运列车车票发售和停站情况进行统计，为车站领导、停运列车所涉及的车间（中间站）提供数据。

（3）党委宣传部门、客运科按照铁路局宣传部新闻通稿要求，拟定列车停运宣传公告，下发至相关车间（中间站）。

（4）各车间（中间站）积极与驻站公安部门联系，在候车厅、检票口、售票处等区域增设警力，确保站内治安秩序平稳有序。

（5）售票车间（中间站）对停运列车停止发售车票，增加退票窗口和改签窗口，准备好充足的退票款，并在售票厅内安排专人引导旅客办理退票、改签。同时，要安排主管干部在售票厅做好旅客问询工作。

（6）各车间（中间站）根据拟定的停运宣传公告，通过售票处公告屏、候车区进站大屏、移动显示屏（移动显示牌）对旅客进行公告，并利用车站广播在不晚于停运列车原开时刻前2 h，反复对旅客进行广播宣传。同时，在各进站口处设置临时车次牌，安排专人提前拦住进站渠道，及时引导停运列车旅客到售票处办理退票、改签。在候车区增设流动岗，随时查验候车区有无停运列车旅客候车，并及时引导至售票处办理退票、改签。

（7）客运车间（中间站）对乘坐其他列车来站换乘停运列车的旅客，应提前与旅客来站所乘列车列车长进行联系，及时了解换乘旅客人数，请求列车长在车上做好列车停运的解释及旅客集中组织工作。列车到站后，要提前安排专人到站台引导换乘旅客到售票处办理退票、改签。

（8）当售票车间（中间站）退票款不足时，应及时请示车站计财科，由计财科请示铁路局同意后，用当日汇局款垫付退票款，应急响应结束后由售票车间（中间站）进行归还。

（9）在应急预案处理过程中要加强对人身安全的卡控，严禁违反相关规定作业，按规定做好劳动防护工作。

7.1.10　列车不能接入固定站台的应急处置

当因受设备限制旅客列车全列或尾部不能全部接入站台时，经与客运调度员或客服调度员、列车司机联系（频道6），仍不能将列车接入站台时，应及时启动相应的应急预案。

1. 旅客列车全列不能接入站台的应急处置程序

（1）客运车间（中间站）站台客运人员发现所接旅客列车全列未接入站台时，应立即向值班员（值班站长）进行汇报，值班员（值班站长）按照逐级汇报流程向客运车间（中间站）值班干部、站长值班室、客运科、技术科等相关科室进行汇报，站长值班室向站领导汇报。

（2）客运主管站长、客运车间（中间站）值班干部、值班员（值班站长）立即赶赴现场协调现场作业。

（3）值班员（值班站长）使用手持电台（频道6）与列车长进行联系，通报车站应急处置措施，做好旅客情绪安抚及宣传引导工作。

（4）值班员（值班站长）调集班内人员携带梯子赶往站台，向技术科汇报，经同意后，按照指定径路下至线路，在列车车门处安放梯子。

（5）值班员（值班站长）指定专人做好每个梯子及旅客下车、上车的安全防护工作并对列车车门开启情况进行盯控，防止旅客跳车。

（6）指派不少于3名客运人员登上列车，配合列车工作人员在列车首部、中部和尾部引导旅客经梯子下车。

（7）旅客下车完毕后，指派专人引导上车旅客经由固定梯子登乘列车，由车内行至旅客车票所示车厢。

（8）旅客乘降完毕后，客运人员下车撤离梯子，与列车长进行联系，通报乘降作业完毕，按照指定径路返回站台。

（9）指派专人盯控列车情况，直至列车开出站台为止。

（10）在应急预案处置过程中要加强对人身安全的卡控，严禁违反相关规定作业，按规定做好劳动防护工作。

2. 旅客列车尾部不能接入站台的应急处置程序

（1）客运车间（中间站）站台客运人员发现所接旅客列车尾部未接入站台时，立即向值班员（值班站长）进行汇报，值班员（值班站长）按照逐级汇报流程向客运车间（中间站）值班干部、站长值班室、客运科等相关科室进行汇报，站长值班室向站领导汇报。

（2）客运主管站长、客运车间（中间站）值班干部、值班员（值班站长）立即赶赴现场协调现场作业。

（3）值班员（值班站长）使用手持电台（频道6）与列车长进行联系，通报车站应急处置措施，做好旅客情绪安抚及宣传引导工作。

（4）值班员（值班站长）调集班内人员赶赴站台，指派不少于3名客运人员登上列车，配合列车工作人员在列车首部、中部和尾部引导旅客经由在站台上开启的车门下车。

（5）旅客下车完毕后，指派专人引导上车旅客经由在站台上开启的车门登乘列车，由车内行至旅客车票所示车厢。

（6）值班员（值班站长）指定专人对列车车门开启情况进行盯控，防止旅客跳车。旅客乘降完毕后，客运人员下车返回站台，与列车长进行联系，通报乘降作业完毕。

（7）指派专人盯控列车情况，直至列车开出站台为止。

7.1.11　大风天气客运组织的应急处置

大风天气会给铁路客运工作组织造成很大困难，甚至造成运输事故，尤其高速运行的动车组列车，对风速的敏感性较高。动车组在环境风速不大于 15 m/s 时，可以正常速度运行；风速不大于 20 m/s 时，限速 300 km/h；风速不大于 25 m/s 时，限速 200 km/h；风速不大于 30 m/s 时，限速 120 km/h；风速大于 30 m/s 时，严禁动车组进入风区。因此，铁路系统应该提前预知预想，做好大风天气客运组织的应急处置工作。

1. 开展风险研判，明确作业难点

1）关注天气变化情况

客运系统干部、职工要每日收听天气预报，随时关注天气变化情况。当天气预报播报有大风等天气时，要做好人员安排等准备工作，遇有大风天气，对客运现场作业造成影响时，车间、中间站值班干部立即到现场指挥，并根据现场实际情况安排足够的人员支持。

2）明确现场作业难点

按照安全风险预警研判要求，对大风天气客运现场作业存在的难点进行风险研判。

（1）旅客帽子、围巾、携带品，刮落站台、道心或悬挂在接触网上，危及行车安全。

（2）接触网有悬挂物，存在触电危险。

（3）站台有可移动物品，危及行车安全。

（4）列车晚点、停运，造成旅客情绪不稳。

2. 针对作业难点，加强作业组织

1）清理危及安全的物品

遇大风天气时，客运车间、各中间站值班干部要对站台、雨棚、接触网、线路等部位进行巡视，查找有无可移动的物品、悬挂刮落的物品，以及随时可能脱落的物品，发现异常情况时，立即进行逐级汇报，并通知保洁部门进行清理。情况紧急时，可通知车站运转或中间站应急值守人员拦停列车。

2）进行列车动态监控

客运车间、各中间站值班干部、客运值班员应与铁路局客服调度员进行联系，随时了解、掌握本站到发列车的正晚点及运行情况，及时将列车实时情况反馈给现场作业人员，并对后续的客运、售票应急处置作业进行部署。如发现有列车晚点、停运或客流大量积压情况时，应立即启动本站旅客列车停运应急预案、旅客列车晚点处置程序。

3）联系确认客流情况

客运车间、各中间站值班干部针对受大风天气影响的列车，应及时与车站计划室联系，确认受影响列车的客流情况，及时联系受影响列车列车长，了解列车运行状况及车内旅客情绪，并通报现场作业人员，对客流较大列车提前预想，制定组织方案。当发生旅客情绪不稳，到站不下车时，应立即启动本站旅客不下车、占用车底应急处置预案。

4）有效利用广播宣传

（1）合理、高效地利用广播宣传，及时向旅客通告现场及列车到发、运行情况，并利用车站广播和区域广播系统在候车区、检票口、售票处和站台区域循环播放大风天气旅客在站台禁止戴帽、系紧围巾、拿好个人物品、严禁奔跑等安全宣传提示内容。

（2）因大风天气影响列车正常运行，造成大面积晚点时，联合值班室和中间站要利用车站广播和区域广播向旅客播放致歉词，稳定旅客情绪，争取旅客的配合，消除不利影响。加强候车区现场巡视，现场工作人员要主动、耐心地做好服务解释工作，解决旅客实际困难。

5）加强旅客乘降组织

（1）加强设备检查。客运人员出场前应确认便携式扩音器、区域广播、电台设备情况良好，提前检查自动扶梯、接触网、雨棚、天桥等设备设施情况，发现异常及时逐级汇报。遇电梯故障时，应立即启动本站电梯故障应急处置预案。

（2）检票口工作人员在列车检票前，要利用区域广播和便携式扩音器对旅客进行乘车站台、车次宣传，防止旅客误乘、漏乘，必须用电台与站台客运员联系，确认具备检票条件后，方可进行检票作业。遇列车晚点或客流较大等情况时，可采取提前预检的方式，组织旅客在通道集中候车，应安排专人对集中候车旅客进行盯控。停检后及时与站台接车人员确认旅客检票进站、有无旅客赶车等情况，确保站台接车人员掌握乘车客流情况。

（3）加强站台盯控。

① 客运车间及中间站值班干部应及时上岗，对站台作业进行盯控，视情况组织人员到站台进行联劳协作，在站台进站扶梯口、出站扶梯口及站台两端安排客运人员引导旅客有序排队候车。

② 客运值班员、站台客运员要严格落实站台旅客乘降组织要求，利用区域广播、便携式扩音器对站台乘降旅客进行大风天气旅客在站台禁止戴帽、系紧围巾、拿好个人物品、严禁奔跑等安全宣传。

③ 加强旅客进入站台后的位置引导，加强站台上旅客、个人物品携带等情况的安全盯控工作，及时制止旅客异常及危险行为。

（4）加强乘降组织。

① 列车进站停稳后，站台客运员要积极组织旅客有序乘降，按照先下后上的原则，加强对重点旅客、车厢连接处、重联动车组连接处旅客的组织和安全防护，提示旅客注意安全。

② 可根据大风天气情况引导旅客在就近车厢处先行上车，自列车内部行至旅客车票所示车厢。

③ 时刻关注站台列车及旅客动向，对在站台角落、进站通道等部位躲避大风的旅客，要做好上车的提示工作，待所负责车厢或区域乘降组织完毕，无旅客上下车、无任何旅客人身伤害隐患时，用电台向客运值班员报告旅客乘降组织完毕。

④ 停检后，站台客运值班员、客运员要与检票员联系确认检票和赶车情况，确认无赶车旅客，站台乘降组织完毕后方可向列车长汇报乘降完毕，关闭车门。

(5) 列车开车出站后，站台客运人员要对站台进行清理，劝滞留旅客出站，确认站台无任何闲杂人员后方可撤岗。

3. 应急处置有备，合理引导新闻舆论

1) 旅客意外伤害处置

当发生旅客摔伤、碰伤、触电等人身伤害时，客运值班员要确认旅客身体状况，如存在身体伤害，应按照相关规定妥善处理。

2) 客运车间及各中间站要与驻站公安、地方武警、公交公司、出租汽车公司等单位建立良好的联系、协调机制，遇本部门无法解决或需要支援的情况时，及时联系相关支援单位到站提供支援，以确保车站内治安秩序平稳，旅客乘降组织有序。

3) 引导新闻舆论

当遇大风天气导致列车晚点、设备损坏，对旅客检票、候车和乘降造成影响时，客运车间及中间站负责人要第一时间赶赴现场，全面负责安抚旅客及利用媒体进行正面宣传报道工作，避免负面报道事情的发生。当遇有人员进行拍照、采访时，第一时间向上级党委宣传部门负责人进行汇报，没有党委宣传部门负责人的同意，任何人不得接受采访。

7.1.12　大雾天气客运组织的应急处置

大雾天气会给铁路客运工作组织造成很大困难，甚至造成运输事故，因此，铁路部门应该提前预知预想，做好大雾天气客运组织的应急处置工作。

1. 开展风险研判，明确作业难点

1) 关注天气变化情况

客运系统干部、职工要每日收听天气预报，随时关注天气变化情况。当天气预报播报有大雾等天气时，要做好人员安排等准备工作，遇有大雾天气，对客运现场作业造成影响时，客运车间、中间站值班干部应立即到现场指挥，并根据现场实际情况安排足够的人员支持。

2) 明确现场作业难点

按照安全风险预警研判要求，对大雾天气客运现场作业存在的难点进行风险研判。

(1) 可能产生雾闪，存在触电危险。

(2) 瞭望条件降低，不利于乘降组织及旅客动向掌握。

(3) 列车晚点、停运，造成旅客情绪不稳。

2. 针对作业难点，加强作业组织

1) 进行列车动态监控

客运车间、各中间站值班干部应与铁路局客服调度员进行联系，随时了解、掌握本站到发列车的正晚点及运行情况，及时将列车实时情况反馈给现场作业人员，并对后续的客运车间售票应急处置作业进行部署。如发现有列车晚点、停运或客流大量积压情况时，应立即启动旅客列车停运应急处置预案、旅客列车晚点处置程序。

2）联系确认客流情况

客运车间、各中间站值班干部针对受大雾天气影响的列车，应及时与车站计划室联系，确认受影响列车的客流情况，及时联系受影响列车列车长，了解列车运行状况及车内旅客情绪，并通报现场作业人员，对客流较大列车提前预想，制定组织方案。当发生旅客情绪不稳，到站不下车时，应立即启动本站旅客不下车、占用车底应急处置预案。

3）有效利用广播宣传

（1）合理、高效地利用广播宣传，及时向旅客通告现场及列车到发、运行情况，并利用车站广播和区域广播系统在候车区、检票口、售票处和站台区域循环播放大雾天气旅客在站台排队候车时严禁奔跑，注意脚下安全，远离列车受电弓等安全宣传提示内容。

（2）因大雾天气影响列车正常运行，造成大面积晚点时，联合值班室和中间站要利用车站广播和区域广播向旅客播放致歉词，稳定旅客情绪，争取旅客的配合，消除不利影响。加强候车区现场巡视，现场工作人员要主动、耐心地做好服务解释工作，解决旅客实际困难。

4）加强旅客乘降组织

（1）加强设备检查。客运人员出场前应确认便携式扩音器、区域广播、电台设备情况良好。客运人员应提前出场检查自动扶梯、站台、雨棚等设备设施情况，发现异常及时汇报。遇电梯故障时，应立即启动本站电梯故障应急处置预案。

（2）加强检票作业。检票口工作人员在列车检票前，要利用区域广播和便携式扩音器对旅客进行乘车站台、车次宣传，防止旅客误乘、漏乘，必须用电台与站台客运员联系，确认具备检票条件后，方可进行检票作业。遇列车晚点或客流较大等情况时，可采取提前预检的方式，组织旅客在通道处集中候车，应安排专人对集中候车旅客进行盯控。停检后及时与站台接车人员确认旅客检票进站、有无旅客赶车等情况，确保站台接车人员掌握乘车客流情况。

（3）加强站台盯控。

① 客运车间及中间站值班干部应及时上岗，对站台作业进行盯控，视情况组织人员到站台进行联劳协作，在站台进站扶梯口、出站扶梯口及站台两端安排客运人员引导旅客有序排队候车。

② 针对站台瞭望条件降低的情况，客运车间及中间站干部要重点提示站台客运人员加强对旅客进入站台后的位置引导及安全盯控，时刻关注站台旅客及列车动向，加强电台联络，及时制止旅客异常及危险行为，重点组织在列车受电弓车厢上车的旅客到该车厢相邻车厢远端车门处排队候车。

③ 客运值班员、站台客运员要严格落实站台旅客乘降组织要求，利用区域广播、便携式扩音器对站台乘降旅客进行雾天旅客注意地面湿滑、严禁奔跑、注意脚下安全、远离列车受电弓等安全宣传。

(4) 加强乘降组织。

① 列车进站停稳后，站台客运员要积极组织旅客有序乘降，按照先下后上的原则，加强对重点旅客、车厢连接处、重联动车组连接处、受电弓车厢旅客的组织和安全防护，提示旅客注意安全。

② 根据大雾天气情况引导在列车受电弓车厢上车的旅客到该车厢相邻车厢远端车门处上车。

③ 时刻关注站台列车及旅客动向，对在站台角落、进站通道等部位的旅客，要做好上车的提示工作，待所负责车厢或区域乘降组织完毕，无旅客上下车、无任何旅客人身伤害隐患时，用电台向客运值班员报告旅客乘降组织完毕。

④ 停检后，站台客运值班员、客运员要与检票员联系确认检票情况，确认无赶车旅客，站台乘降组织完毕后方可向列车长汇报乘降完毕，关闭车门。

(5) 列车开车出站后，站台客运人员要对站台进行清理，劝滞留旅客出站，确认站台无任何闲杂人员后方可撤岗。

3. 应急处置有备，合理引导新闻舆论

1) 旅客意外伤害处置

当发生旅客滑倒、摔伤、触电等人身伤害时，客运值班员要确认旅客身体状况，如存在身体伤害，应按照相关规定处理。

2) 引导新闻舆论

当遇大雾天气导致列车晚点、设备损坏，对旅客检票、候车和乘降造成影响时，客运车间及中间站负责人要第一时间赶赴现场，全面负责安抚旅客及媒体正面宣传报道工作，避免负面报道事情的发生。当遇有人员进行拍照、采访时，第一时间向上级党委宣传部门负责人进行汇报，没有党委宣传部门负责人的同意，任何人不得接受采访。

4. 雾天作业安全

1) 车辆作业岗位

大雾天气下，能见度不足时，车辆在站台的行驶速度控制在5 km/h。

2) 上水岗位

上水工长要严格执行防护用品的佩戴规定，用电台与广播室进行联系和互控，坚持工作人员同去同归制度。

3) 捡拾道心岗位

捡拾道心人员遇大雾天气，瞭望距离不足100 m，影响视觉、听觉时，停止捡拾道心作业。

4) 高空作业岗位

(1) 遇到大雾天气，能见度不足时，严禁室外高空作业。

(2) 高空作业的梯子要采取防滑措施，防止在作业中发生滑倒、摔伤。

7.1.13 大雪天气客运组织的应急处置

大雪天气会给铁路客运工作组织造成很大困难，甚至造成运输事故，因此，铁路系统应该提前预知预想，做好大雪天气客运组织的应急处置工作。

1. 应急预案的启动

利用风险预警机制，站长值班室应每天收听天气预报，将本站及相关车站天气变化情况及时通知应急办公室，根据指示，客运各部门要做好除雪、防冻、防滑的准备工作。下雪时启动除雪应急预案。除雪组织预案可分一、二、三级。

1）一级除雪预案（小到中雪）

各单位要做到以雪为令，及时到岗到位，并向所辖区域行车楼报到，由车站统一组织安排，做好分工，及时清理道岔积雪，确保雪天道岔正常使用，正常办理接发列车及调车作业。

2）二级除雪预案（中到大雪、发布橙色预警）

中到大雪时，立即启动二级除雪预案。旅客列车严格按照规定进路办理；接发货物列车及调车作业按照平行进路办理。进路上的关键道岔，必须做到人盯死守，随下随清积雪，遇交叉办理接发列车、调车作业时、必须保证道岔转动灵活、正常使用。

3）三级除雪预案（大到暴雪、发布红色预警）

旅客列车按固定进路办理，除保留一台取送客车底调车机外，停止接发货物列车及其他调车作业，全力保证旅客列车固定通道畅通，必须扳动的关键道岔，加强人员、工具的配备，全天候死盯死守，保证使用正常。

2. 应急处置的难点及要点

1）应急处置难点

防止旅客滑倒摔伤、突发大客流及站台旅客随车跑动。

2）应急处置要点

（1）备品要立即配备到位，如防滑毯、扫帚、苫布等，并及时补充，确保状态良好。

（2）防滑毯铺设位置要准确。如进站口、出站口台阶，候车室外上下候车室台阶，落客点台阶，积雪的台阶等旅客容易滑倒摔伤的地点。

（3）明确各部门负责地点范围，合理安排人员分工。如铺设防滑毯地点范围，清扫地点范围等。

（4）明确重点清扫区域，如站台两端无风雨棚处、各站台边缘及两侧、进出站口台阶处、各站台被风刮进积雪处等。

（5）对进出站通道、站台等处的积雪进行清除时做到随下随扫，铺设防滑毯时设置防止滑倒警示牌。

（6）除雪过程中，不得将积雪扫至站台下或者有可能影响旅客通行的地方。

3. 除雪基本方法

1）道岔清扫方法

道岔清扫要按照“一吹、二扫、三喷、四涂、五盖”的方法进行。一吹是使用风力除雪机清理道岔上覆盖的积雪；二扫是进行重点部位清扫；三喷是使用喷灯或燃气除雪器对结冰部位加温，使其融化，便于清扫；四涂是清扫干净后，使用喷壶喷洒防冻剂；五盖是使用道岔苫布对道岔关键部位进行苫盖。要做到随下随扫，保证道岔无积雪，每隔 2 h 涂一次防冻剂，出现道岔扳不动或尖轨不密贴时，迅速查明原因，及时排除故障。滑床板、基本轨与尖轨之间有积雪或结冰时，使用铁铲清除，情况紧急时可用燃气除雪器，务必保证道岔密贴，切忌浇水溶化。

2）道岔苫布使用时机和要求

遇中雪及以上降雪时，需使用道岔苫布苫盖有关道岔。苫布由各车间指定专人妥善保管，分类编号，按需使用。各车间参照现有道岔实际型号，按通道上的道岔数量剪裁配备苫布。需使用道岔办理接发列车业务时，由行车楼通知道岔清扫人员，清扫人员撤除有关苫布后向行车楼汇报。看守人员每 2 h 一换班，轮流看守，指定专人防护，同去同归，保证通道畅通和人身安全。

4. 客运组织应急程序

（1）有关科室要将列车停运、绕行、晚点等公告信息及时进行发布，告知旅客，由联合值班室负责收集客运各车间、各中间站信息，并及时进行通报。

（2）售票厅要增开退票、改签窗口，必要时高速铁路专用售票窗口全部调整为改签、退票窗口，准备足够的零款，为旅客办理退票、改签业务。

（3）打开所有进站口，落实进站验票措施，情况紧急时采用人工验证、验票方式，遇客流聚集时，可启用广场、出站地道等临时候车区域。

（4）进站大厅可采用隔离带隔离的方法，引导旅客有序进站。

（5）在候车室检票口、电梯、通道等处所进行不间断的宣传，通告列车到发情况。遇列车晚点或停运，要诚恳地向旅客致歉。

（6）在站台提示旅客注意地面积雪，严禁旅客随车奔跑，要注意组织在站台角落、出站通道等处避雪的中转旅客，由地下通道或高架桥出站。

（7）对晚点时间较长（如 6 h 以上）的列车，凡是乘车旅客家住本市区的，可采用留下联系方式，回家等候的方式，减轻车站候车压力。

（8）车站尽力做好上水工作，遇大到暴雪，影响视线时，主管干部要停止上水作业。

（9）出现大到暴雪时，应急办公室负责人可联系驻站军代表负责人，说明旅客滞留情况，调集武警官兵，由应急办公室、客运相关部门如客运车间等安排具体岗位，协助做好除雪防冻工作。

（10）连续降雪超过 12 h，后勤车间要及时通知食堂为职工准备热饭热菜。

（11）劳服公司要针对滞留旅客情况，调集储备食品为旅客分发。根据电报要求或车站领导指示，为列车上的旅客提供饼干、火腿肠、矿泉水等食物。

（12）党委宣传部门派干部负责新闻报道工作，加大正面宣传报道力度。

（13）在列车集中到达、夜间公交车停运的情况下，应急办公室负责人要及时联系交管部门、公交公司有关负责人员说明情况，根据旅客人数调集公交车、出租车到车站广场疏散到达旅客。

7.1.14 发生洪涝时的应急处置

大、暴雨天气会给铁路客运工作组织造成很大困难，甚至造成线路中断、列车停运及运输事故，因此，铁路系统应该提前预知预想，做好大、暴雨天气客运组织的应急处理工作，维护好运输秩序，确保旅客生命财产安全。

1. 信息沟通及报送

站长值班室要坚持24小时值班，每天收听天气预报，及时将天气变化通知站领导，确保信息畅通。天气预报有雨情时，站长值班室要及时通知站领导、各相关科室及各车间（中间站），要求正职负责人亲自值班，做好人员安排，做好防洪准备。大、暴雨水害发生2 h内启用应急通信，要及时报送相关信息。必要时每1 h向铁路局防洪指挥部办公室报告水害现场抢险情况，将现场图片（像）发送到铁路局防洪应急指挥部办公室。

信息报送内容包括：水害发生的时间、地点、雨情、水情、受灾情况、处置情况、预计抢通时间、水害现场图片（像），现场抢险所需物料品名、数量、到站、卸车地点等。受灾情况包括线路、桥隧、涵渠、接触网、附属设施等受灾体的受灾范围、损害程度、水害直接损失、影响列车车次、人员伤亡等情况。

2. 售票组织

（1）售票车间要合理安排劳力，增加退票、改签窗口，准备好足够的找零款。

（2）售票厅压力过大时，售票车间干部和科室包保干部要协同机关干部、派出所干警，到现场维持秩序，拉警戒带，采取“掐段放行”的分流措施，防止旅客拥挤踩踏。

（3）列车不能继续运行时，售票厅、候车室要将停办营业和恢复营业的信息及时向旅客通报。

3. 候车组织

（1）客运车间要合理安排候车室，做好滞留旅客的宣传、安置及疏解工作。各候车室要安排干部专门盯控。

（2）客运车间要在各个候车室安排专门客运员，回答旅客问询，方便旅客饮水、就医、如厕及提供旅客前往其他地点的公交信息。

（3）劳服公司、各高铁站要为各个候车室滞留旅客，配备足够的方便食品、饮用水等生活用品。

（4）保洁车间要加大候车室的清扫次数，通知防疫部门对重点部位进行消毒，为旅客提供良好的候车环境。

（5）发生旅客人身伤害或突发疾病时，相关车间（中间站）干部要立即到达现场，通知医疗点工作人员，采取抢救措施。同时，收集旁证、物证，编制客运记录，按照旅客人身伤害或疾病处理有关规定办理。

（6）在应急处置过程中要加强对人身安全的卡控，严禁违反相关规定作业，按规定做好劳动防护工作。

（7）站区组织工作如下。

① 由工作人员将旅客提前带入站台，避免旅客对流或上错站台。

② 遇旅客滞留时，客运车间应打开有关通道备用门方便旅客进入候车室。

③ 遇雨水倒灌、下水道倒流等情况，要通知建筑段维修，候车室积水过多时，客运车间派小分队，用装满沙子的编织袋堵住候车室门口，用水泵抽除积水。

④ 必要时组织旅客到站外饭店、旅馆等暂时等候，提醒旅客不要远离候车室。

⑤ 始发车可以车代候。始发列车有车底后，要及时联系乘务员，提前组织旅客上车等候。

⑥ 高铁中间站可组织旅客到候车室商服平台、站外旅馆等暂时等候，提醒旅客随时注意车站列车运行公告。

4. 乘降组织

（1）值班站长（值班员）要加强与列车长的沟通，掌握列车编组、定员、车内旅客人数，了解旅客需求，做好接车准备。

（2）地道内要派专人引导，地道内有积水时，要通知客运车间，派小分队进行积水清理，并及时通知建筑段维修。

（3）各出站口要全部打开，引导旅客快速出站。

（4）各岗位人员要坚守岗位，坚持作业标准，随时听候上级领导的指挥，调遣劳服公司在站台上备足方便面、饮用水等生活用品。

5. 行包作业

（1）落地行包要提前装托盘，防止雨水进入仓库造成行包湿损；要注意雨情，做好库房门口封堵工作。

（2）站台行包要及时向库内转移，不能及时转移的行包要用篷布盖好，防止行包湿损。

6. 防洪备品

常用的防洪备品有：铁锹、麻袋、编织袋、抽水泵、防湿篷布、锯末、沙袋等。

7. 各岗位职责

（1）客运员职责。

① 根据天气变化情况，提前准备好喇叭、口哨和备品，做好站台防护。

② 作业中加强站台与检票口、站台与站台、站台与广播室的联系。

③ 随时检查本职岗位和责任区域情况，发现问题及时处理。

④ 在恶劣天气下，加强各岗位之间的自控、互控，做好旅客安全防护。

⑤ 及时做好旅客乘降组织和疏散工作。

⑥ 严格落实作业制度，作业完毕要清点人数，坚持同去同归制度。

（2）检票员职责。

① 遇恶劣天气，坚守岗位，提前做好准备工作。

② 加强与站台各岗位的联系，严格执行“呼唤应答”制度。

③ 把握好放行检票时间，提前或推迟放行时间必须征得站台值班员同意。

④ 随时解决旅客困难，解答旅客问询，确保秩序井然。

（3）上水员职责。

① 根据天气情况，提前准备好防护备品。

② 上岗时，提前列队、清点人数、互相提示安全注意事项；工长负责检查组员的防护用品携带情况。

③ 作业中，各岗位之间要互相监督、互相检查、互相提醒。

④ 作业中，严格执行作业标准，严禁侵线；严禁在车底下坐卧、避风、避雨等。

⑤ 作业完毕，坚持同去同归制度。工长要认真负责，清点人数无误后集体撤岗。

（4）广播员职责。

① 恶劣天气下，加强与邻站、信号楼及各岗位的联系，准确掌握各次列车运行情况。

② 及时将有关作业和列车运行情况向有关单位和工作人员通报。

③ 定时向旅客和工作人员进行广播，提示有关安全作业、乘车、候车等方面的注意事项。

④ 在值班站长领导下，加强各岗位之间的联系，配合各岗位按程序进行作业。

7.1.15 突发公共卫生事件的应急处置

铁路突发公共卫生事件一般是指突然发生重大传染病疫情、群体性不明原因疾病，造成或可能造成社会公共健康严重损害，并有可能通过铁路传播的事件。铁路部门应预防、控制、规范突发公共卫生事件应急处置工作，最大限度避免突发公共卫生事件的发生，防控各类疾病、疫情通过铁路传播，确保广大旅客、铁路职工及家属的身体健康和生命安全，努力维护铁路正常的运输生产秩序。一般情况下，如在车站、列车发生的 3 人及以上集体性或者造成人员死亡的食物中毒；铁路局管内单位内部发生的 3 人及以上集体性职业中毒、食物中毒、传染病暴发流行时应及时启动相关应急预案。

1. 应急处置原则

坚持以人为本、科学应对、统一指挥、分工协作、有效处置的理念，落实领导负责、分级负责、系统负责、岗位负责的制度，采取防治结合、专群兼容、路地联控的方法，达到突发公共卫生事件早发现、早预防、早报告、早处置的目的。

2. 高铁车站发生重大突发性传染病疫情应急处置程序

（1）客运科通知派出所（中间站由站领导联系公安干警）增派警力协助车站维护秩序。派专人接听电话了解现场情况，在站领导和客运科长指挥下，向客运处汇报情况，报告内容：发生地点、发生时间、联络方式、发病人数、影响范围及已采取措施等情况。

（2）客运车间主任（中间站站长）负责联系防疫部门，设定隔离区域，提前采取隔离措施，记录旅客基本资料。

（3）客运人员及驻站保洁人员要积极配合防疫部门，对传染病患者进行隔离，防止扩散。公安部门应确保区域封锁、旅客隔离和疏散等工作正常开展。

（4）值班员（值班站长）及客运员，佩戴口罩、手套，穿防护服（必要时），稳定旅客情绪，维持现场秩序，并配合卫生防疫部门、公安部门进行调查取证，如实提供有关材料。

（5）保洁车间要配合卫生防疫部门对病人可能污染的场所进行消毒。

（6）在应急预案处理过程中要加强对人身安全的卡控，严禁违反相关规定，按规定做好劳动防护工作。

3. 发生职业中毒的应急处置程序

1）职业中毒概念

职业中毒是指劳动者在生产劳动过程中由于接触生产性毒物引起的中毒。生产性毒物是指生产过程中产生的，存在于工作环境空气中的毒物。职业中毒可分为以下几种。

（1）急性中毒，毒物一次或短时间内大量进入人体后所引起的中毒。在正常生产情况下，这种中毒少见，往往发生在生产过程出现意外时。

（2）慢性中毒，小量毒物长期进入人体后所引起的中毒。这是由于毒物在体内蓄积所致。

（3）亚急性中毒，介于急性和慢性中毒之间，在较短时间内有较大剂量毒物进入人体所致。

2）发生职业中毒的应急处置程序

（1）客运员、售票员发现职业中毒症状时，及时上报给值班员（值班站长），由值班员（值班站长）按照逐级汇报流程上报有关部门。上报内容应包括旅客发病时间、发生地点、患者人数、症状等。

（2）有关部门应及时通知派出所（中间站由站领导联系公安干警）增派警力协助车站维护秩序。派专人接听电话了解现场信息，在站领导和客运科长指挥下，向客运处汇报情况。

（3）现场工作人员要配备防毒用品，将发生职业中毒地点的旅客迅速疏散到安全地带。

① 候车区发生职业中毒事件后，工作人员要迅速配备防毒用品，值班员（值班站长）负责联系 120 急救中心并将中毒人员及时交 120 急救中心，并负责引导 120 急救车进站救治，检票员及时锁闭检票口，客运员负责通知各商铺锁闭大门，客运车间副主任（副站长）

带领值班员（值班站长）及客运员负责将候车区旅客及商铺工作人员，统一疏散到广场。

② 售票厅发生职业中毒事件后，工作人员要迅速配备防毒用品，值班员（值班站长）负责联系 120 急救中心并将中毒人员及时交 120 急救中心，由售票员负责引导 120 急救车进站救治，关闭售票窗口，由 1 名客运车间副主任（副站长）带领售票员及客账售票员负责将旅客由售票厅疏散到广场。

③ 站台发生职业中毒事件后，工作人员要迅速配备防毒用品，值班员（值班站长）负责联系 120 急救中心并将中毒人员及时交 120 急救中心，由客运员负责引导 120 急救车进站救治。验票员锁闭检票口大门，由 1 名副主任（副站长）带领值班员（值班站长）、站台客运员负责将旅客由站台经地道疏散至出站通道或广场。

（4）由客运员引导 120 急救车到合适地点实施急救。

（5）由值班员（值班站长）及客运员稳定旅客情绪，维持现场秩序，并配合卫生防疫部门、公安部门进行调查取证，如实提供有关材料。

（6）保洁车间要配合卫生防疫部门对病人可能污染的场所进行消毒。

7.2 动车组突发情况应急处置

7.2.1 旅客列车四大安全设备的正确使用

1. 紧急制动阀

紧急制动阀是列车在运行中需要紧急停车而使用的一种装置。紧急制动阀安装在乘务室门外的壁板上，在紧急制动阀手把上施有铅封。

1）使用条件

（1）车辆燃轴或重要部件损坏。

（2）货物装载发生突出、脱落、歪塌等。

（3）列车发生火灾或有人从列车坠落及线路内有人死伤。

（4）能判明司机不顾停车信号，列车继续运行。

（5）列车在无任何信号指示的情况下，进入不应进入的区段或车站。

（6）其他危及行车及人身安全情况发生，必须紧急停车时。

2）使用方法

使用时不必先行破封，应立即将阀柄把手向全开位置拉动，直到全开为止，不得停顿和关闭。若是弹簧把手，在列车完全停车之前，不得松手。在长大下坡道上，必须先看压力表，如压力表指针已由定压下降 100 kPa 时，不得再行使用。

注意事项：使用紧急制动阀的基本前提是危及行车和人身安全，除此之外，均不可使用（如遇旅客或乘务员漏乘等）。

2. 手制动机

手制动机在车辆 1 号位。使用规定：列车在区间被迫停车后，如遇自动制动机发生故障，为防止列车溜逸而使用手制动机。使用手制动机时，司机应鸣笛三短声，发出使用手制动机的信号，要求停车，就地制动。运转车长应组织列车乘务员拧紧手制动机。乘务员使用时，用手拉出，依顺时针方向转动，即可制动，反转则可缓解。

3. 灭火器

客车按规定配置。每节车厢配置 4 个质检合格、封印完好的灭火器。灭火器应牢固放置，方便取用。乘务员应加强灭火器检查，严格执行“三乘”人员防火交接制度，按规定做好始发、途中、终到防火检查，并填写“防火检查记录单”。

4. 轴温报警器

轴温报警器安装在车辆 1 号位的乘务员室内。在列车运行中，轴温报警器应保持开机状态，乘务员在值乘中不得任意关闭电源。听见报警信号后，应确认报警的轴位、轴温，并立即通知检车乘务员到现场处理。在检车乘务员没有到达以前，必须坚守岗位，监视报警轴位运行情况，如发现明显燃轴，可使用紧急制动阀停车。轴温报警器顶部不能放置任何杂物。

7.2.2　旅客列车突发事件的应急处置

1. 旅客列车发生火灾爆炸事故时的处置方法

列车发生火灾爆炸事故时应立即停车疏散旅客，迅速扑救火灾，切断电源、设置防护、报告情况、请求救援、抢救伤员、保护现场、协助查访、认真取证，做到临阵不乱、恰当处理，最大限度地减少伤亡损失，尽快恢复行车。

2. 发生石击列车的处置方法

发生石击列车，列车员与乘警应立即了解石击区段、时间、列车遭受石击部位及受伤旅客姓名、乘车区段、受伤程度等，并收集旁证材料。列车长按规定拍发电报，备品损坏时填写“运统-36”。如旅客伤势较重，需下车治疗时，可由列车长编写旅客伤亡事故记录。详细注明旅客姓名、地址、车票票号、发到站及伤势等情况，交三等或县市所在地车站处理。

3. 列车遇严重超员的处置方法

列车遇严重超员时，首先要立即报告列车长，经车辆乘务员确认，由列车长联系车站，组织力量疏散旅客，在本列车无力安排的情况下，组织乘坐其他列车。乘务员要积极做好安全宣传工作，动员旅客配合；应加强车门管理，维护好车内秩序。要努力协调旅客均衡乘车，并严格执行车门管理制度，劝阻未上车的旅客分乘其他列车。

列车长和乘务员应统计下车分乘的旅客人数，并按规定拍发电报，电报内容应比正常超员电报增加以下内容：造成严重超员的大量旅客上车站、处理经过和停车时分。

4. 列车电器设备故障引起冒烟起火的处置方法

电器设备发生冒烟或初起火苗，要立即切断电源，及时使用灭火器扑灭烟火，同时应通告邻车，由邻车乘务员报告列车长。本车厢乘务员要坚守岗位，维护车内秩序，注意观察扑救后冒烟起火部位的情况，待列车长、车辆乘务人员到达后，详细介绍电器设备发生冒烟起火的时间和扑救的过程等有关情况。必要时，应立即使用紧急制动阀停车处理。

5. 列车运行中发现旅客跳车的处置方法

列车运行中，发现旅客跳车应及时阻止。如已经跳车，在跳车时可使用紧急制动阀停车，迅速寻找，组织抢救。列车长应会同公安人员进行检查并收集旅客旁证（两份以上）、物证及跳车人的携带品和车票，查找同行人。详细编写伤亡事故记录，由列车长按规定交站处理。列车运行中发现有旅客跳车的迹象，应立即报告列车长。列车长应会同公安人员观察现场，了解跳车时间，收集旅客旁证、物证及跳车人的携带品，查找同行人。由列车长到站拍发电报，要求有关站段协查。

列车长接到站方通知有旅客跳车的情况，应按上述规定同样办理，取证两份以上（要实事求是），三天内连同伤亡事故记录交处理站。如有必要按客运调度员通知下车处理。

6. 旅客在列车上分娩的处置方法

发生旅客在列车上分娩时：①应将分娩旅客安置于适当地点（通风、人少、安静、安全、方便）；②通过广播或由乘务员在车厢内宣传，请旅客中的医务人员或熟悉接产的旅客接产，准备好产包、急救药箱、卫生纸（草纸）、消毒过的水桶、红糖等必需品；③记录下产妇及接生人员的姓名、职业、工作单位、地址、分娩情况；④记录下产妇的车票号、发到站和携带品，编制客运记录交站；⑤对难产者需本人或护送者在相关情况说明上签字以备查。

7. 列车上发生旅客急病死亡的处置方法

列车上发生旅客急病死亡时，应及时寻找医务人员初步诊断死亡原因，及时收集周围旅客旁证，详细记录死者在旅途中的有关情况，收集死亡旅客的车票和携带品，并认真保管。列车长填写客运记录交县、市所在地车站或较大车站处理，并按规定拍发电报。

8. 发现烈性传染病患者的处置方法

旅客列车在运行中发现烈性传染病患者时，列车长应及时向前方站报告。在卫生防疫部门未到达前应封锁现场，对染病人员和所携带物品进行隔离，对呕吐、排泄物进行控制，由卫生防疫部门消毒后再处理。

9. 发现小贩上车叫卖商品的处置方法

发现小贩上车叫卖商品，乘务员应立即制止，并将小贩及所卖商品交给列车长、乘警处理。同时应积极利用广播系统向旅客宣传铁路规章及卫生常识，劝阻旅客不要购买小贩的商品。

10. 旅客列车上发生财物丢失的处置方法

（1）立即报告列车长、乘警，做好现场保护。

（2）分析原因，组织查找。

（3）收集材料，提供线索，协助警务调查。

（4）拍发电报，报告有关部门。

11. 旅客列车上发现有精神病患者乘车的处置方法

（1）列车内发现无人护送的精神病旅客，列车长应指派专人看护，公安人员应予协助，移交到站或换乘站处理。不得转交中途站。

（2）发现有人护送的精神病旅客，乘务员应向护送人员介绍安全注意事项，并予以协助。

（3）发现无人护送的无票精神病患者，列车长应交三等及以上车站处理。

12. 旅客列车上发现行李、包裹中夹带国家限制运输物品的处置方法

列车上发现行李、包裹中夹带国家限制运输物品时，报告列车长，编制客运记录，连同限制运输物品交中途停车站处理。

13. 旅客列车上发生旅客纠纷、斗殴事件的处置方法

（1）立即报告列车长和乘警，及时赶赴现场，做好调解工作，制止打架、斗殴，防止事态扩大，对受伤者进行抢救。

（2）协助公安人员调查、了解事件原因及经过，收集旁证材料。

（3）导致严重后果时，会同公安人员编制客运记录和公安“站车交接三联单”交车站派出所处理。

14. 旅客列车上发生抢劫案件的处置方法

（1）迅速向列车长、乘警报告。

（2）积极寻找有利时机制服歹徒。

（3）协助了解受害人被抢物品的特征、数量，提供抢劫罪犯的体貌特征、作案手段和逃离方向。

（4）协助做好当事人的安抚工作。

（5）协助做好善后工作。

15. 线路中断的处置方法

（1）列车长、乘警应迅速采取有效措施，妥善安排被阻旅客和行李、包裹，并立即向所在地铁路局客运调度、车站、所属铁路局、担当段及地方政府报告。

（2）列车长应及时召开“三乘”会议，分工负责，采取措施保证旅客列车的绝对安全，要加强巡视，“三乘”人员坚守岗位，保证治安秩序良好。

（3）保证旅客的食品供应。

（4）列车停在区间时，列车乘务员要锁闭车门，停止乘降。

（5）停止运行站值班站长或列车长应在旅客车票背面注明受阻原因、日期，返回××站，并加盖站名章或列车长名章。

16. 旅客列车在无站台处停车的处置方法

（1）认真进行四门瞭望，确认车站方向。

（2）及时锁好背门，严禁旅客从背门下车。

（3）确认邻线无列车通过、无危及人身安全障碍物后，方可组织旅客下车。

（4）旅客上下完毕，乘务员立即登车。

17. 旅客列车夜间运行中突然停电的处置方法

（1）列车乘务员要立即通知检车乘务员（机械师）到场处理。

（2）列车长、乘警应及时赶赴现场，维护车内秩序，加强治安管理。

（3）停电车厢乘务员要坚守岗位，加强宣传，稳定旅客，封闭两端车门，防止发生意外。

（4）严禁使用明火照明。

18. 旅客列车上发生旅客 3 人以上食物中毒的处置方法

（1）及时报告。应向有关部门及时报告，主送所属铁路局卫生防疫站和前方铁路卫生防疫站，抄送所属铁路局客运处、卫生处。报告内容包括旅客发病时间、地点、患病人数及食物名称，并请求派员救护。

（2）安置病人。做好记录，将病人送最近停车站的医院及时抢救。

（3）保护现场。负责人和工作人员要采取措施及时稳定旅客情绪，封存可疑食物、呕吐物样品，停止销售并追回售出的可疑食物，交卫生监督人员到现场查验。

（4）调查取证。要协助卫生防疫部门调查取证发病的情况及餐饮食物。被取证人包括发病人和周围旅客及有关工作人员。

19. 列车发生火灾的分解作业方法和顺序

（1）先使着火车辆与列车后部车辆分离。

（2）将着火车辆尽量转移至线路平坦处，但不得停留在桥梁、隧道及重要建筑物附近。

（3）使前部车辆与着火车辆分离。

（4）对区间内遗留的车辆，应采取止轮措施。

7.2.3 旅客列车发生大面积晚点时的应急处置

因发生事故、汛期水害断道等造成旅客列车严重晚点时，为了确保迅速、及时和妥善处置，尽快恢复正常运输秩序，最大限度地减少对铁路运输和旅客的影响，应按如下方案进行应急处置。

1. 应急组织指挥体系及职责

1）铁路局突发大面积晚点应急领导小组的构成及职责

铁路局旅客列车大面积晚点应急领导小组组长由铁路局主管运输副总经理担任，副组长由铁路局总调度长担任，成员由客运部、运输部、车辆部、电务部、机务部、劳动和卫生部部长，调度所主任，铁路公安局局长担任。

应急领导小组的职责是：发生列车晚点后，负责组织、指挥、协调办公室及有关站、车的应急处置工作，对办公室及各站、车应急处置过程中提出的问题进行解答并作出决策。

其中，应急领导小组各成员的职责如下。

（1）组长：列车发生严重晚点后，前往调度所进行全面指挥，必要时决定是否请求地方政府支援。

（2）运输部：积极组织调度部门，将列车调离危险地段，尽量安排列车停留在县级以上车站，组织列车减少晚点。短时间不能开通线路时，要按方案安排列车迂回折返运行。

（3）客运部：有关领导及专职人员，要到达列车停留站，组织现场指挥，协调做好列车食品补充、饮水供应等工作，解决列车困难。需安排列车迂回、折返运行时，提出方案，必要时提出相关列车停运方案报国铁集团批准。

（4）车辆部：协调车辆段，准备好备用客车。必要时，安排车辆检修方案。

（5）劳动和卫生部：协调有关医院，安排好突发疫病情况下旅客的救治工作。

（6）电务部：及时督促通信公司保证通信畅通，保证电报能够及时发出。

（7）机务部：安排好备用机车，积极减少晚点时间长度。

（8）铁路公安局：指挥就近派出所安排足够的警力，维持现场秩序，为旅客提供安全保护，必要时调动警力进行支援。

2）铁路局旅客列车大面积晚点应急领导小组办公室的构成及职责

铁路局旅客列车大面积晚点应急领导小组办公室成员由铁路局运输部、客运部、车辆部、劳动和卫生部、电务部、机务部有关专职人员，调度所主任、客运调度主任、铁路公安局治安处长组成，办公室主任为客运部部长。应急领导小组办公室的职责是：发生列车晚点后，负责按程序向领导组有关人员汇报情况，向有关站、车传达领导小组的处置意见，起到承上启下的作用；处置过程中，及时收集站、车信息，综合各类情况，作出相应处置，向领导组汇报，执行领导小组的意见，负责指挥现场应急处理工作；协调领导小组各成员，及时通报处置的情况。

2. 预防报警

铁路局客运调度电话是全局旅客列车晚点信息传递的第一方式。当列车在铁路局管内晚点时，有关车站和列车应立即用电话向客运调度报告，车站应详细报告晚点的原因、时间、车站旅客组织及相关情况，列车应报告晚点时间、地点、车内处置情况、旅客反映等。列车在铁路局管外晚点时，列车应立即通过电话向所在地铁路局客运调度报告，报告的内容是晚点时间、地点、车内处置情况、旅客反映等。客运调度掌握旅客列车晚点的情况后，要按预案要求通知铁路局旅客列车大面积晚点应急领导小组办公室（客运处）值班人员，办公室值班人员再按预案要求通知领导小组相关人员。

此外，因旅客列车发生晚点，导致车站旅客严重积压时，车站应及时通告公安派出所，派出所应根据具体情况向上级公安部门报告情况。列车因灾害发生晚点，在站停留时，确定短时间不能折返、迂回运行时，应与车站取得联系，车站按程序向有关部门汇报。

3. 应急响应

1）指挥与协调

列车发生晚点时，列车上的应急工作由列车长组织指挥，并随时向铁路局旅客列车大面积晚点应急领导小组办公室汇报情况，按办公室指示开展工作。例如，列车在站内停车时，车站应主动配合列车工作，为列车提供援助。车站的应急工作由车站站长来指挥，并随时向应急领导小组办公室汇报情况，按办公室指示开展工作。

2）紧急处置

列车发生晚点后，铁路局旅客列车大面积晚点应急领导小组办公室应通知有关单位立即启动应急预案。列车晚点超过 30 min，站、车应向旅客道歉，有条件的车站应提供实时电子屏幕显示，电话、语音系统查询。站、车工作人员必须清楚旅客列车晚点情况，遇旅客询问，应耐心回答。站、车广播应进行公开道歉，用语为：旅客们，我是××站站长（××次列车长），××次列车（本次列车）因××原因晚点，现在大约晚点××小时××分，因列车晚点给您造成的不便，我代表铁路部门向您表示诚挚的歉意。晚点原因可以表述为：自然灾害（暴雨、大雾、大雪、山体滑坡、泥石流等）、事故影响和设备故障。

列车发生晚点时，列车工作人员应做好车内旅客宣传组织工作，加强饮食、饮水供应，对重点旅客做到重点照顾，积极安抚好旅客。列车长、乘警要加强车内巡视，发现问题积极处置，确保车内秩序良好。夏季做好车内降温工作，冬季做好车内取暖工作，列车要研究并拿出补水、补食品等方案，确保车内供应。

列车发生晚点在车站停车时，车站是列车的保障主体，应对列车的安全、秩序、卫生、饮食等进行全方位保障，接到列车的任何求助，都必须全力以赴，不能发生偏差。

列车发生晚点造成车站旅客积压时，车站应加强旅客组织，防止发生旅客伤害事件。

3）社会力量的动员与参与

发生列车晚点，列车和车站如需社会力量参与时，应向铁路局旅客列车大面积晚点应急领导小组办公室汇报，由办公室逐级向上级部门和地方政府报告，列车应急处置可以请地方政府组织力量参与，车站应急处置可以请地方政府及武警部队组织力量参与。

4）旅客列车晚点的调查分析、检测和后果评估

旅客列车晚点的调查分析工作由铁路局旅客列车大面积晚点应急领导小组办公室来担任，办公室在接到情况报告，启动预案的同时，启动调查分析工作，对原因、后果进行调查，形成报告，报领导小组成员。

5）新闻发布

列车发生晚点，如果导致车站旅客积压严重，需要疏导旅客时，可以采取新闻发布的形式，向有关新闻单位发布。新闻发布经领导小组批准，由领导小组办公室来负责。

6）应急结束

旅客列车大面积晚点应急状态的结束由铁路局旅客列车大面积晚点应急领导小组办公室加以明确，并负责进行相关信息的发布。

7.2.4 旅客列车遇自然灾害途停危险区段的应急处置

自然灾害具有突发性、不可预见性及不可抗拒性，突然降临的自然灾害往往会造成铁路

运输设备损毁，人员受困，如不及时、准确、高效地进行应急处置，往往会增加人员伤亡，扩大事故危害。同时旅客面对灾害会产生极度恐惧心理，增加应急处置的困难。为保障铁路运输生产的正常秩序和旅客生命财产的安全，积极预防和妥善处置旅客列车遇自然灾害途停危险区段的突发事故，提高旅客列车乘务人员应急处置能力和现场处置能力，最大限度地减小对铁路运输和广大旅客的影响，应按如下方案进行应急处置。

1. 列车遇自然灾害途停危险区段的应急组织及职责

（1）自然灾害是指地震、山洪、泥石流，水害塌方、山体滑坡、山火、台风、雨雪冰冻等危及铁路行车安全和旅客生命安全的不可抗拒灾害。

（2）各次列车要建立列车遇自然灾害途停危险区段应急处置领导小组，设指挥组、疏散组、营救组、防护组、救护组、联络组。

（3）各组人员名单由列车“六乘一体”党支部确定，落实到岗、到人，记入台账。各小组成员必须牢记职责，一旦发生遇自然灾害途停危险区段事故，立即行动。在遇有上级事故抢险人员参加救援时，应服从上级的统一指挥。

① 指挥组。指挥组要担负起应急指挥职责。组长由列车长担任，成员由车辆乘务长、乘警长及各应急小组组长组成。遇自然灾害途停危险区段时，指挥组负责及时判明事故现场及列车受损情况，确定现场施救方案，统一指挥抢险救援。组织、指挥、带领乘务人员各司其职，迅速抢险，最大限度减少人员伤亡及事故损失；根据事故情况，随时调整人力部署；及时向上级报告事故概况；处理好善后事宜等。

② 疏散组。疏散组成员要按照岗位分工，加强宣传，稳定旅客情绪迅速将旅客疏散到相邻车厢或安全地带，并快速转移伤员。防止旅客盲目跳车、窜车厢。危及旅客生命安全时，受损车厢乘务员及相邻车厢乘务员必须履行疏散旅客的义务，疏散完旅客后迅速投入抢险营救工作。疏散旅客的基本要求：先人后物，先重点（老、弱、病、残、孕）后一般，先伤员后旅客，先旅客后职工。

③ 营救组。营救组人员要快速反应，迅速赶往第一现场，动用有效工具打开生命通道，并根据需要分解列车，切断电源、火源，防止事故升级。

④ 防护组。事故发生后，配合机车乘务员和运转车长迅速设置防护；在车站和多线区段要特别注意邻线有无列车通过，劝阻、清理侵入邻线的人员，防止其他事故发生。负责组织保护事故现场和旅客随身携带的行李。

⑤ 救护组。选择安全地点抢救伤员，采取临时救护措施，向上级派来的救援人员报告情况，协助移送伤员。

⑥ 联络组。按指挥组要求，做好各小组之间的信息传递和命令传达。如需救援，负责向车站和当地有关部门报告。列车广播员要列入联络组，以便利用列车广播快速传递信息。

2. 预警预防

乘务班组出乘、途中、折返时应随时关注运行区段的天气变化，遇暴风、雨雪、台风、强对流等极端灾害天气时，全体乘务人员要提高警觉，做好灾害预防工作。

乘务人员在途中要坚守岗位，随时关注列车运行情况，遇列车途停、运缓等情况时，要迅速判明情况，及时采取措施。特别是运行在山区、多桥隧区、震后地区等灾害频发区段，更应提高警惕。要把汛期和夜间行车作为灾害预防的重中之重。

3. 应急预案的启动

旅客列车一旦遇自然灾害，途停危险区段时，要立即启动应急预案。列车在区间遇自然灾害途停危险区段，当上级领导未到达时，应急处置工作由列车长统一指挥，其他成员听从指挥，密切配合。列车在车站遇自然灾害时，应急处置工作由车站站长组织指挥，同时列车长要指挥列车乘务班组各应急小组配合车站积极进行处置。

4. 列车遇自然灾害途停危险区段报告及方式

向上级报告可通过无线列调、手机、电报报告，一切电话中断无法报告时，可派人报告；本班组人员间可用对讲机、手机、人工传递等方式进行。

内部报告制度：列车长在向所在局调度报告的同时，还应以最快速度向担当段报告，报告的内容有时间、车次、线别、区间、灾情、伤亡、损失情况、事故的初步原因等。担当段接到报告后，要立即报告铁路局客运主管部门。

5. 列车遇自然灾害途停危险区段时的应急处理程序

1）判明灾情

乘务人员发现遇自然灾害途停危险区段时，应立即利用一切通报方法（乘务员相互传递、指派旅客通报或手机联系等）将简要情况尽快通知列车长及指挥组成员，由指挥组成员打开车窗或下车察看，判明车辆受损、人员受困情况。

2）疏散旅客

列车乘务人员要快速反应，立即组织事发车厢的旅客向相邻车厢有序疏散；端门和侧门出口要保证畅通无阻。

事发车厢和相邻车厢的乘务员要做好旅客疏导防护工作，避免旅客盲目跳车。如需组织旅客向车下疏散、向安全地带转移时，要判断好地形，打开运行方向左侧车门组织旅客下车，尽量不开右侧车门。遇特殊地形条件，无选择余地，只能开右侧车门时，必须要有专人防护，所有人员不得侵入临线。列车广播员和其他车厢乘务人员要做好旅客宣传、疏导和安抚工作。

3）迅速营救

列车受损部位相邻车厢旅客疏散后，先期到达人员要立即使用防火钩撬等工具协助受损车厢打开生命通道，不得延误时机。车辆乘务员（随车机械师）还应立即切断受损车厢的电源，防止发生火灾。如同时伴生火情时，要根据火情采取适当的扑救方法进行灭火。

4）设置防护

列车遇自然灾害在危险区段停车后，当影响邻线行车安全时，机车乘务员（司机）和运转车长必须对邻线按规定设置防护。旅客疏散时，防护组要防止旅客侵入邻线，停在桥上时还要防止旅客坠落桥下。列车停车后，列车前、后端分别由机车乘务员和运转车长负责按规定设置防护。

5）报告救援

当列车在区间停车或分离后需要救援（包括需要提供救援物资、急救设备等）时，由运转车长或机车乘务员通过列车无线调度通信设备及时报告相邻车站（或调度），请求救援。报告内容要简明扼要。主要报告内容：时间、车次、线别、区间、里程、人员伤亡、灾情和损失情况等。

6）抢救伤员

救护组成员对伤员进行抢救和疏导，如有人员伤亡，要全力抢救。需车站配合的工作或事项，要向运转车长通报，由运转车长向车站报告。

7）保护现场

乘务人员在应急处置的同时，疏散组成员要积极采取措施做好旅客稳定工作；列车乘警应维护秩序，防止发生混乱，保护好旅客财物。

6. 尽快开车

处置完毕，列车、线路修复后，列车长、乘警长、车辆乘务员要对列车各部位进行全面检查，确认危险排除后，在确保安全的情况下通知运转车长按规定程序尽快组织开车。

7.3 其他非正常情况应急处置

7.3.1 突发大客流时的应急处置

因节假日、季节性客流波动及不良天气等因素造成突发大客流时，为了迅速、及时和妥善地处置因站车突发客流高峰所造成的旅客滞留车站、列车严重超员等状况，尽快恢复正常运输秩序，最大限度地减小对铁路运输和广大旅客的影响，应按如下方案进行应急处置。

1. 应急组织指挥体系及职责

1）铁路局突发大客流应急领导小组的构成及职责

铁路局突发大客流应急领导小组组长由铁路局主管运输副总经理担任，副组长由铁路局客运部部长担任，成员由客运部、运输部、车辆部、电务部、机务部、劳动和卫生部部长，调度所主任，铁路公安局局长担任。应急领导小组的职责是：发生突发客流高峰后，负责组织、指挥、协调办公室及有关站、车的应急处置工作，对办公室及各站、车应急处置过程中提出的问题进行解答并作出决策。

其中，应急领导小组各成员的职责如下。

（1）组长：站、车突发客流高峰后，前往调度所进行全面指挥，必要时决定是否请求地方政府支援。

（2）运输部：积极组织调度部门，确保超员列车运行安全正点。

（3）客运部：有关领导及专职人员要及时深入车站，现场组织指挥疏导客流，协调解决有关事宜。按分工包保，到站、到车、到线，监督、检查、协调旅客乘降及安全工作。深入现场后，要及时将客流动态向部领导汇报。要到达列车停留站，协调做好列车食品补充、饮水供应等工作，解决列车困难，需安排加开临客时，提出开行方案，报国铁集团批准。

（4）车辆部：协调车辆段，准备好备用客车，必要时，安排车辆检修方案。

（5）劳动和卫生部：协调有关医院，安排好突发疾病旅客的救治工作。

（6）电务部：及时督促通信公司保证通信畅通，保证电报能够及时发出。

（7）机务部：安排好备用机车，积极组织列车正点运行。

（8）铁路公安局：指挥就近派出所安排足够的警力维持现场秩序，为旅客提供安全保护，必要时调动警力进行支援。

2）铁路局突发大客流应急领导小组办公室的构成及职责

铁路局突发大客流应急领导小组办公室成员由铁路局客运部、运输部、车辆部、劳动和卫生部、电务部、机务部有关专职人员，调度所主任、客运调度主任及铁路公安局治安处长组成。办公室主任由客运部部长担任。领导小组办公室的职责是：发生突发客流高峰后，负责按程序向领导小组有关人员汇报情况，向有关站、车传达领导小组的处置意见，起到承上启下的作用；处置过程中，及时收集站、车信息，综合各类情况，作出相应处置，向领导小组汇报，执行领导小组的意见，负责指挥现场应急处理工作；协调领导小组各成员，及时通报处置的情况。

2. 预防报警

发生站、车突发客流高峰后，应坚持逐级上报、逐级指挥的原则，各级在接到下级报告后，应在第一时间将情况向上级汇报，不得延误。领导小组接到报告后，应决定是否启动应急预案，并做好相关组织指挥工作。应急保障机构主要以相关车站为主体，站区相关单位为协助部门，如需要各单位协助，车站应作为总协调者和组织者。

1）站、车信息监测与报告

（1）站、车突发客流高峰信息监测。站、车突发客流高峰的监测部门为铁路局调度所客运调度（客调），客调应通过掌握站车客流具体情况来进行站、车突发客流高峰情况的监测。铁路局突发大客流应急领导小组办公室应掌握各站和各次列车的技术资料，每年在调图前更新各类资料，办公室成员要利用日常下站上车的机会，掌握全局各站、车的具体情况，做到情况明、底数清，每半年对全局各站、车的情况进行全面分析研究，对站、车突发客流高峰情况及其影响范围，进行统计分析，找出规律性问题，制定相应对策，并完善处置的细节。

（2）站、车突发客流高峰信息的报告。铁路局客调电话是全局旅客突发客流高峰信息传递的第一方式，当站、车突发客流高峰时，有关车站和列车应立即用电话向客运调度报告，车站应详细报告时间、客流的去向、车站旅客组织及相关情况，列车应报告客流超员情况、是否晚点，以及晚点时间、地点、车内处置情况、旅客反映等。列车在铁路局管外突发客流高峰时，列车应立即通过电话向铁路局客调报告，报告的内容是时间、地点、车内处置情况、旅客反映等。

客调掌握到旅客列车晚点的情况后，在第一时间向铁路局突发大客流应急领导小组办公室汇报，由铁路局突发大客流应急领导小组办公室向铁路局突发大客流应急领导小组成员汇报。

2）预防预警行动

春运、暑运、节假日、季节性客流、不良天气，站、车突发客流高峰，导致车站旅客严重积压时，车站应及时通告公安派出所，派出所应根据具体情况向上级公安部门报告情况。列车因突发客流高峰晚点，在站停留时，确定短时间不能折返、迂回运行时，应与车站取得联系，车站按程序向有关部门汇报。

3）预警级别及发布

（1）预警分级标准。

站、车突发客流高峰预警分为一般（Ⅳ级）、较重（Ⅲ级）、严重（Ⅱ级）、特别严重（Ⅰ级）四个级别，颜色依次为蓝色、黄色、橙色和红色。预警级别应以车站滞留旅客多少和列车晚点时间长短为标准来确定。车站滞留旅客超日发送量的1/3、列车晚点2 h以上，预警为一般级别；车站滞留旅客超日发送量的1/2、列车晚点4 h以上，预警为较重级别；车站滞留旅客超日发送量的1倍、列车晚点6 h以上，预警为严重级别；车站滞留旅客超日发送量的1.5倍、列车晚点8 h以上，预警为特别严重级别。

（2）预警级别的发布。

铁路局突发大客流应急领导小组办公室在接到站车突发客流高峰报告后，应通过与现场通电话等形式，进一步确认信息的真实性、准确性。在此基础上，应将站车突发客流高峰情况向铁路局突发大客流应急领导小组领导汇报，并提出发布预警级别的意见，得到领导批准后，由铁路局突发大客流应急领导小组办公室向有关单位发布客流高峰情况。

3. 应急响应

1）分级响应程序

站、车突发客流高峰，造成直通和管内列车凡晚点超过2 h的，视为严重晚点，应启动本预案。车站滞留旅客超日发送量的1/3、列车晚点2 h以上，启动一般（Ⅳ级）级预案；车站滞留旅客超日发送量的1/2、列车晚点4 h以上，启动较大（Ⅲ级）级预案；车站滞留旅客超日发送量的1倍、列车晚点6 h以上，启动重大（Ⅱ级）级预案；车站滞留旅客超日发送量的1.5倍、列车晚点8 h以上，启动特别重大（Ⅰ级）预案。

2）信息共享与处理

发生站、车突发客流高峰事件，车站和列车应立即向客运调度汇报，客运调度向铁路局突发大客流应急领导小组办公室汇报，应急领导小组办公室向铁路局应急领导小组成员汇报，得到领导同意后，应向国铁集团和地方政府汇报。同时，也可以在适当时机向社会媒体公告。向国铁集团、地方政府和社会媒体通报情况，应由铁路局突发大客流应急领导小组办公室统一归口。

3）指挥与协调

车站突发客流高峰，车站的应急处置工作由车站站长来指挥，并随时向铁路局突发大客流应急领导小组办公室汇报情况，按铁路局突发大客流应急领导小组办公室指示开展工作。列车超员严重或造成晚点，列车上的应急工作由列车长组织指挥，并随时向铁路局突发大客流应急领导小组办公室汇报情况，按铁路局突发大客流应急领导小组办公室指示开展工作。

例如，列车在站内停车时，车站应主动配合列车工作，为列车提供援助。

4）紧急处置

车站突发客流高峰，站、车应急工作人员应及时到岗到位，组织疏导。

（1）疏散旅客。

车站、列车都要成立应急小分队。车站要采取分散候车措施，候车厅、售票厅、检票口等处要加强组织，维护秩序，防止“挤口乱排”。要限制候车室、售票厅的旅客人数，并随时清理站内滞留人员。严格控制无票旅客进站上车，坚决阻止旅客橇砸客车门窗强行上车。

（2）严格售票。

坚决执行有关旅客列车超员率规定，各站必须合理制定客票发售计划（长短途均衡运输），严格按票额分配计划售票，严禁大量超售，防止因严重超员危及行车安全；各站要增开临时窗口，组织好售票秩序，保证旅客及时购票。要严格控制站台票发售，认真执行旅客凭票候车规定。

（3）加强引导。

对候车旅客要分区截留、横向切块、纵向成行、提前预剪、专人带队、有序组织；在车站旅客密集场所（如通道、楼梯、地道口、平过道等旅客通道处）增加人力，加岗引导，防止旅客对流发生挤伤、踩伤等事故。

（4）做好宣传。

对滞留的旅客，要利用广播进行宣传，稳定旅客情绪，加强宣传解释工作。

（5）维护治安。

加强与公安部门联系，配合公安干警维持秩序，及时清理站台，禁止无票和闲杂人员进站，禁止围车叫卖，保持站内秩序良好，确保旅客乘降安全。

（6）后勤保障。

要安排好旅客的餐饮、住宿等，尽一切力量为旅客提供方便，服务组要组织人员为滞留旅客提供好开水、食物，为旅客创造良好的候车环境。

5）社会力量的动员与参与

发生突发客流高峰，车站和列车如需社会力量参与时，应向办公室汇报，由办公室逐级向上级部门和地方政府报告，车站应急处置可以请地方政府及武警部队组织力量参与，列车应急处置可以请地方政府组织力量参与。

6）突发公共事件的调查分析、检测和后果评估

突发公共事件的调查分析工作由铁路局突发大客流应急领导小组办公室负责，接到汇报，启动预案的同时，启动调查分析工作，对原因、后果进行调查，形成报告，报领导小组成员。

7）新闻发布

车站突发客流高峰，如果导致旅客积压严重，需要疏导旅客时，可以采取新闻发布的形式，向有关新闻单位发布。新闻发布经铁路局突发大客流应急领导小组领导组批准，由铁路局突发大客流应急领导小组办公室来负责。

8）应急结束

坚持“谁启动、谁结束”的原则，由铁路局突发大客流应急领导小组办公室明确应急状态结束并发布应急结束信息。

4. 后期处置

铁路局突发大客流应急领导小组办公室是善后处置的部门，负责落实应急处置过程中发生费用的补偿，物资和劳务征用的补偿，以及现场污染物的处理等工作。事后，办公室应及时编写调查报告，总结经验教训及改进建议，报领导小组成员。

5. 保障措施

1）通信与信息保障

站、车突发客流高峰应急处置，车站以铁路办公电话为通信工具，列车主要以手机为通信工具，电务处负责路电通信系统维护，办公室负责信息收集。

2）应急队伍保障

站、车突发客流高峰应急的人力资源主要以铁路相关站、车工作人员为主，特殊情况可以向地方政府、军队、武警、机关团体等单位求助，由相关车站负责联系。

3）交通运输保障

铁路局突发大客流应急领导小组办公室接到站、车突发客流高峰信息，应同时通知铁路局总值班室，准备好赶赴现场的汽车。

4）医疗卫生保障

站、车突发客流高峰应急医疗救治单位，为铁路沿线的地方医院。联系医院由车站站长负责。

5）治安保障

站、车突发客流高峰的治安保障部门是公安部门，车站为派出所，列车为乘警。在警力不足的情况下，由公安部门按章调集力量。各级公安部门应制定突发客流高峰情况下车站及列车的现场治安保障方案。

6）物资保障

站、车突发客流高峰的物资保障部门是相关车站，各车站接到物资救援请求后，应全力给予保证，相关费用按有关办法清算。

7）经费保障

站、车突发客流高峰经费保障的原则是经济、节俭、有效，经费应由各车站从运输进款中先垫付，按有关规定与相关单位清算。

8）紧急避难场所保障

发生站、车突发客流高峰造成车站旅客积压后，疏散旅客的场所是站前广场。

6. 宣传、培训和演练

1）宣传

各站车要深入宣传站车突发客流高峰应急处置预案，特别是向旅客宣传有关常识。

2）培训

铁路局突发大客流应急领导小组办公室每年组织开展一次站、车突发客流高峰应急处置预案的培训，应急领导小组及有关站、车单位参加。

3）演练

铁路局突发大客流应急领导小组办公室每年组织开展一次站、车突发客流高峰应急处置预案的演练，应急领导小组及有关站、车单位参加。

7.3.2 铁路客票发售和预订系统应急预案

为建立健全铁路客票发售和预订系统应急保障体系和运行机制，规范突发事件紧急处理行为，最大限度地减小事故影响，防止事态扩散，对于“铁路客票发售和预订系统”（以下简称：客票系统）因网络、设备、软件故障和大规模“病毒”感染、非法入侵及其他不可预测因素导致客票系统中断或售票异常的安全事故和突发事件，应按以下预案迅速、有效地进行处置。

1. 工作原则

按照统一领导、集中指挥、归口负责、分级管理、信息共享、分工协作、反应及时的原则，迅速处置客票系统安全事故和突发事件。

2. 组织指挥体系及职责

1）应急组织机构

按照《铁路网络与信息安全事故应急预案》要求，建立铁路客票系统应急组织指挥体系。

在国铁集团成立铁路客票系统安全事故和突发事件应急领导小组（以下简称“客票应急领导小组”），国铁集团主管运输副总经理任组长，办公厅、信息办、运输统筹局、计划部、财务部、安监部、公安局、宣传部、信息中心为成员单位。领导小组办公室设在运输统筹局营运部，主任由运输统筹局营运部主管客运副主任担任，成员由运输统筹局营运部、基础部、调度部、装备部、客票系统技术支持单位（铁科院、信息技术中心）相关人员组成。铁路局和实行计算机售票的站段，应比照国铁集团成立应急领导小组和办公室，由有关领导和业务技术部门参加，负责相关售票、客运组织和故障处理等工作。

2）应急组织机构职责

(1）客票应急领导小组主要职责。

① 统一指挥铁路客票系统安全事故、突发事件的应急处置工作。

② 根据事故和事件影响范围和严重性，决定启动相关应急预案。

③ 指导、协调、检查客票应急领导小组办公室工作。

④ 负责有关紧急事项的决策。

(2）客票应急领导小组办公室主要职责。

① 负责制定、完善铁路客票系统安全事故和突发事件应急预案。

② 负责指导下一级客票应急领导小组办公室制定相关应急预案，监督检查应急预案的应变及快速反应能力。

③ 遇重大情况负责及时向客票应急领导小组汇报。

④ 负责安全事故的调查、应急处置、治安保障、系统恢复、后勤保障、新闻发布工作。

⑤ 负责日常具体工作。

（3）客票应急领导小组办公室成员职责。

运输统筹局营运部负责组织、协调应急预案处置工作。运输统筹局基础部负责协调通信运营商，会同各铁路局、技术支持部门保障铁路客票系统网络的畅通、安全。运输统筹局调度部负责组织、协调应急处置时的运能调配工作。运输统筹局装备部及各铁路局供电部门负责铁路客票系统的电力保障。客票系统技术支持单位负责铁路客票系统安全事故、突发事件应急处置的技术保障和咨询工作。铁路局和站段应急领导小组办公室成员职责应比照国铁集团设置。

3. 预防和预警机制

1）建立客票系统预防机制

客票系统的机房环境必须符合《数据中心设计规范》（GB 50174—2017）的要求。客票系统相关软硬件和网络通道配置必须符合《客票系统计算机及电源设备技术条件》（铁运〔2006〕02 号）、《客票系统网络及通信设备技术条件》（铁运〔2006〕3 号）要求。客票系统终端设备必须卸除光驱、软驱设备，并封闭 USB 端口（采用 USB 方式接入制票机的除外），严禁安装、使用非客票系统的软件及数据。

客票系统网络必须使用专用通道、独立运行，与外网安全隔离。有关通信运营商要确保网络通道畅通，遇网络突发事件，要及时通报相关的电务调度，并及时启用备用通道。

各铁路局应按照相关技术要求建立客票安全系统，按照《铁路客票安全系统使用管理办法（暂行）》（铁运〔2004〕11 号），做好使用管理工作。

各铁路局要采取切实可行的客票系统安全保障措施，细化维护流程，建立管理台账，定期对重要数据进行备份，并及时记录相关操作内容（如时间、操作人、原因等）备查。

建立健全安全管理制度。按照《全路客票发售和预订系统（TRS）运行管理办法（试行）》（铁运〔2005〕71 号）等要求，建立日检查、旬汇总、月通报等制度，发现客票系统安全隐患及时处理、上报。

2）建立客票系统安全监控机制

建立国铁集团、铁路局、车站客票监控系统。客票监控系统主要对主机系统、应用系统及环境、中间件、通信设备及通道的运行状况，以及资源使用状况进行实时监控。

建立健全客票系统监控制度。按照逐级负责的原则建立各级监控制度。国铁集团负责监控国铁集团客票中心、各铁路局客票中心及国铁集团客票中心到各铁路局客票中心间网络通道、设备运行等状况；铁路局负责监控本铁路局客票中心、车站客票系统及铁路局客票中心到所辖车站间网络通道、设备运行、数据库应用、车站窗口等状况。

制定客票系统日常监控办法。规范客票系统日常监控行为，强化各级监控响应能力，及时发现并处理预警临界点及异常情况。

3）建立客票系统预警机制

建立客票系统主要设备运行预警（主机的 CPU 使用、内存使用、文件系统剩余比例、存储设备的剩余空间、网络丢包率等）指标体系，根据可能的影响程度及范围进行分级。

发现异常信息，立即进行预警分析，形成预警报告，并及时处理，需要上级部门协调处理的应及时上报。

4）建立客票系统监察机制

全路成立专门的客票系统监察队伍，建立客票系统运行状况通报制度，定期对全路客票系统进行巡检，不定期对全路客票系统进行抽查。

4. 应急响应

1）分级响应标准

铁路客票系统应急响应按安全事故、突发事件的严重程度和影响范围，原则上分为Ⅰ、Ⅱ、Ⅲ、Ⅳ四级。

（1）Ⅰ级应急响应。

Ⅰ级应急响应的安全事故突发事件是指全路客票系统由于外部攻击及不可抗拒因素造成客票系统严重破坏，导致系统崩溃，中断运行 8 h 及以上，铁路运输无法正常运行，造成巨大经济损失和政治影响的事故。

（2）Ⅱ级应急响应。

Ⅱ级应急响应的安全事故突发事件是指铁路客票系统由于外部攻击、设备损毁、数据丢失等原因，导致以下结果之一的事故：全路客票系统中断 4 h 以上，造成经济损失并严重影响全国铁路运输生产；北京、上海、广州地区高峰时段客票系统中断 2 h 以上，造成经济损失及严重社会影响。

（3）Ⅲ级应急响应。

Ⅲ级应急响应的客票系统安全事故突发事件是指铁路客票系统由于外部攻击、设备损毁、数据丢失等原因，导致以下结果之一的事故：全路客票系统中断 2~4 h，造成经济损失并影响全国铁路运输生产；铁路局客票系统中断 2 h 以上，造成经济损失并在铁路局范围内严重影响铁路运输生产；北京、上海、广州地区高峰时段客票系统中断 1 h 以上，造成经济损失及社会不良影响。

（4）Ⅳ级应急响应。

Ⅳ级应急响应的客票系统安全事故突发事件是指铁路客票系统由于外部攻击、设备损毁、数据丢失等原因，导致以下结果之一的事故：铁路局客票系统中断 1 h 以上，造成经济损失并在铁路局范围内影响铁路运输生产；北京、上海、广州地区高峰时段客票系统中断 30 min 以上，造成经济损失及社会不良影响；全路 43 个重点车站（北京、上海、广州地区车站除外）客票系统中断 1 h 以上，造成经济损失及社会不良影响；全路 43 个重点车站出现售票异常（如大量重票、错票、售票速度缓慢等），造成经济损失及社会不良影响。

2）应急响应行动

（1）信息报告。

铁路客票系统安全事故及突发事件信息实行逐级上报制度，顺序为基层站段、铁路局、国铁集团。当事故上升为Ⅲ级，铁路局客票应急领导小组办公室必须在第一时间上报国铁集团客票应急领导小组办公室，当事故上升为Ⅱ级，由国铁集团客票应急领导小组办公室报客票应急领导小组和铁路网络与信息安全事故应急领导小组办公室，当事故上升为Ⅰ级，由铁路网络与信息安全事故应急领导小组办公室报国铁集团应急管理办公室。各铁路局应设置并对外公布客票应急领导小组办公室值班电话。

（2）启动应急响应。

Ⅰ、Ⅱ级应急响应由国铁集团负责启动。应急指挥地点设在运输统筹局营运部，国铁集团客票应急领导小组有关成员应立即前往应急指挥地点。

Ⅲ级应急响应由国铁集团或国铁集团授权铁路局负责启动。国铁集团应急指挥地点设在运输统筹局营运部，铁路局应急指挥地点设在铁路局客运部。国铁集团、铁路局客票应急领导小组有关成员应立即前往相应的应急指挥地点。

Ⅳ级应急响应由铁路局负责启动。铁路局应急指挥地点设在铁路局客运部，铁路局客票应急领导小组有关成员应立即前往应急指挥地点。

（3）应急响应行动。

由应急响应启动单位根据事故情况，设立指挥协调、业务组织、技术支持、宣传报道、事故调查、治安保卫、后勤保障等应急处理协调组和现场救援指挥部，分别由客运、计划、财务、电务、供电、公安、宣传、技术支持部门及发生地铁路单位有关领导组成。

开通应急指挥地点和现场救援指挥部之间的应急通信设施，随时掌握事故进展情况。应急通信的启动按铁路运输通信应急预案执行。

Ⅳ级应急响应由铁路局应急领导小组办公室派出相关人员和专家赶赴现场指导现场应急救援工作，Ⅰ、Ⅱ、Ⅲ级应急响应由国铁集团应急领导小组办公室派出相关人员和专家组赶赴现场指导现场应急救援工作。

3）应急处置

（1）处置要求。

客票系统发生各种突发事件时要有相应的备用和应急手段，并能及时对系统和数据进行恢复，将对铁路运输生产的影响减小到最低程度。

针对自然灾害（地震、洪水等）、战争及不可预测的灾难情况，要做好系统和数据的灾难备份，保证重要数据异地异介质备份，为系统数据恢复提供保证。

准备充足的备品、备件，各铁路局要根据本局情况准备一定数量的客票系统应急服务器，安装操作系统、Sybase 数据库及客票系统所有应用软件，且应定期切换使用，确保其保持正常工作状态，以备应急使用。

网络备用设备处于加电冷备状态，网络故障时，及时切换到备用设备或备用通道。

技术支持部门负责管辖范围内的 7×24 h 网络和系统监控。加强系统的日常巡视和监测，包括硬件设备、网络、操作系统、数据库、应用进程、资源占用情况、系统性能等，发现问题及时处理，消除故障隐患。定期及修改系统参数后，对操作系统进行全面备份。建立7×24 h 快速技术支持队伍。

（2）病毒入侵处置。

发生大规模病毒入侵时，要将已被病毒严重感染的设备从物理上与客票系统网络隔断，并及时对系统进行快速处置、恢复，防止数据丢失。

（3）非法入侵处置。

发生非法入侵时，系统要关闭网关，阻断恶意攻击，实行内部封闭运行，确保系统和信息安全。

（4）停电事故处置。

客票系统主机房要配备两路以上电源供电，可以不间断地进行电源切换。配置相应的不间断电源设备，确保在断电情况下完成数据备份。发生供电外线故障时，由供电部门处置；发生 UPS 及室内电源布线故障时，由技术支持组处置。

（5）网络通道故障处置。

国铁集团至铁路局及各铁路局间干线通道故障，由国铁集团运输统筹局基础部处置；铁路局管内通道故障，由铁路局电务部门处置。

（6）系统故障处置。

发生突发事件后，由现场救援指挥部负责指挥故障处置工作。

车站要利用各种渠道及方式，做好旅客疏导工作，指派专人在售票厅、候车室、检票口及站台等旅客主要聚集地维持秩序。

治安保卫组负责维护车站治安秩序。

车站开启应急售票窗口，使用代用票发售当日各次始发列车无座席位，并根据预售情况适度控制旅客上车人数，防止超员。乘坐当日其他列车的旅客应组织其上车补票。

业务组负责及时通知当日各次列车列车长，通报车站售票系统故障及采取的相应措施。列车上要成立以列车长为组长的应急小组，在接到通知后，立即到岗到位，与车站密切配合，确保旅客乘降安全，并增加列车临时补票点，方便旅客办理列车补票业务。

由技术支持组立即分析和确定故障原因，采取应对措施，对硬件故障要立即通知维修厂商或用备件进行更换；对网络问题，要立即切换备用设备或备用通道；对数据库、应用软件故障，要立即使用备份系统和数据进行恢复。无法处置时，立即上报国铁集团技术支持组请求支援。

当确定故障无法在 2 h 内恢复时，应立即启用客票系统应急售票方案。

若启用了应急售票方案进行售票，当车站主用设备修复后，由应急领导小组确定系统回切时间，同时报上级部门备案，由技术支持组负责将客票系统从应急售票方案切回到原客票系统服务器上。

（7）应急结束。

① 新闻发布。客票系统事故的新闻发布应当坚持实事求是、把握尺度、及时全面的原则，Ⅰ～Ⅱ级事故统一由国铁集团应急宣传报道组负责进行新闻发布，Ⅲ～Ⅳ级事故统一由铁路局应急宣传报道组负责进行新闻发布。

② 应急结束。各级客票系统安全事故处理完毕，客票系统恢复正常运行时，应视为应急结束。遵循“谁启动，谁结束”的原则，由相应的组织负责宣布应急结束。

4）后期处置

（1）善后处理。

事故应急结束后 2 日内，由事故调查组牵头，相关部门参加，对事故的起因、性质、影响、责任、教训和处置进行评估，提出预防措施，完善应急预案，并报上级主管部门。

（2）奖励与处罚。

为提高客票系统应急工作的效率和积极性，按照有关规定，对实施本应急预案行动中表现突出的单位和人员给予表彰和奖励。对玩忽职守严重失职造成事故的责任单位和个人，根据有关法律法规及规定，给予行政处罚，直至追究刑事责任。

5. 保障措施

（1）组织保障：国铁集团、铁路局、站段成立客票系统应急领导小组，明确机构、职能、人员及工作制度，落实责任。领导小组应有固定的办公地点及联系方式。

（2）资源储备保障：各单位应建立必要的客票系统应急资源的保障机制，并按照客票系统应急工作需要，在人员、技术、设备、票据等方面做好储备，以备随时紧急调用。

（3）资料保障：各单位应备有本级客票系统技术资料（如网络拓扑图、电路拓扑图、设备及系统资料、应急设备清单等）、设备档案及业务资料、客票系统应急预案。

（4）技术保障：各单位要明确客票系统的技术支持单位和支持方式，建立计算机硬件、网络系统维护支持专家库，明确联系方式，定期充实更新，组织、协调客票系统技术支持单位及相关厂商对客票系统应急方案进行研究、评估。

（5）培训和演练：各单位应加强对客票系统应急处置人员进行培训和演练，保证应急预案的有效实施，不断提高客票系统应急反应能力。

（6）后勤保障：为了确保客票系统事故发生时应急预案得以有效实施，各有关部门应在交通运输、电力供应、通信、资金等方面给予充分保障。

6. 铁路车站应急售票系统使用办法

铁路车站应急售票系统适用于铁路局（地区中心）客票系统发生故障、地区中心与车站网络中断时，取消服务器的车站进行离线售票，发售本站无座席车票。

为确保应急售票系统与客票系统的数据同步，车站应在局域网内设置专用微机（配置要求同售票窗口机）作为数据下载终端，并保证设备处于正常开机状态，进程运行良好，数据正常下载，且完整可用。

车站应急售票系统只安装在车站售票窗口、代售点，其他场所不得安装使用。铁路局负责管理车站应急售票窗口、系统启动密码及可售时间范围。车站应急售票系统的启用必须经铁路局客运部主管部长批准。

应急售票系统仅售本站无座车票，办理中转签证和退票，不办理始发改签、中途下车签证，不办理异地票、通票等业务。

各次列车的无座席可售数量由车站根据本站剩余席位及超员率要求等进行确定，并根据实际客流情况进行调整。

应急情况下的退票业务原则上要求扫描条码还原票面信息，条码无法扫描时，手工输入条码下方字符信息还原票面。退票后席位均不返库。

当客票系统恢复正常并运行稳定后，首先恢复非应急售票窗口的联网售票，然后再恢复应急售票窗口的联网售票。应急售票窗口恢复联网售票前，必须先将应急售票信息全部上传至客票系统。

车站完全恢复联网售票后，铁路局必须及时更换该站应急售票系统启动密码，并根据应急售票系统已售张数，对尚未发车列车的硬座票额进行相应核减。

【实训】

高速铁路非正常情况应急处置实训

【实训目标】

（1）能够掌握动车组列车安全管理规定。

（2）能够掌握高速铁路车站安全及应急处置、动车组突发情况应急处置规定。

（3）培养自主学习能力。

【实训内容与要求】

第一步：由教师介绍实训的目的、方式、要求，调动学生实训的积极性。

第二步：对学生进行分组，确定各小组的组长和人员分工、学习方式，制订小组学习计划，了解团队要做什么，要达到什么目的。

第三步：由教师介绍高速铁路非正常情况应急处置的知识及讨论的话题。

第四步：各小组对教师布置的问题进行讨论，并记录小组成员的发言。

第五步：根据小组讨论记录撰写讨论小结。

第六步：各小组相互评议，教师点评、总结。

【实训成果与检测】

成果要求：

（1）提交案例讨论记录：3~5 名学生一组，设小组长 1 人、记录员 1 人，每组必须提交详细的讨论记录，以作为考核成绩的依据。

（2）能够在规定的时间内完成相关的讨论，撰写文字小结。

评价标准：

（1）上课时积极与老师配合，积极思考、发言。

（2）认真阅读案例，积极参加小组讨论，分析问题思路较宽。案例分析基本完整，能结合所学理论知识解答问题。

参考文献

[1] 刘涛，隋东旭．高速铁路乘务安全管理与应急处置．北京：北京交通大学出版社，2018.

[2] 崔庆科，奚树刚．高速铁路医护急救．北京：北京交通大学出版社，2018.

[3] 隋东旭. 高速铁路安检工作实务．北京：北京交通大学出版社，2019.